# HOSPITALITY CAPSTONE DESIGN

특별한 서비스를 위한 창작! 서비스의 차원을 넘어선 감동 아이디어!

# Hospitality 캡스톤 디자인

강선아 · 김자현 · 홍지숙 · 한지수 공저

(주)백산출판사

# Preface

**특별함**을 원한다.
**새로운 자극**을 원한다.

특별한 서비스를 위한 **창작**!
서비스의 차원을 넘어선 **감동 아이디어**!

서비스 전공자들의 무한 감동!
서비스 아이디어 제작!

*Hospitality*
**캡스톤 디자인**

# Contents

## Chapter 1. 캡스톤 디자인



## Chapter 2. 캡스톤 디자인을 위한 분석



## Chapter 3. 서비스 차별화 전략 캡스톤 디자인

## Chapter 9. 환대 메시지 서비스 캡스톤 디자인



## Chapter 10. 환경 보호 캠페인 서비스 캡스톤 디자인



## Chapter 11. 여행플랜 서비스 제안 캡스톤 디자인



## Chapter 12. 홍보 전략 캡스톤 디자인

## Chapter 13. 고객 Gift 캡스톤 디자인



## Chapter 14. 식음료서비스 디자인



## Chapter 15. 테마가 있는 캡스톤 디자인



## Chapter 16. 포트폴리오 제작



## Appendix 부록

# Chapter 01

# 캡스톤 디자인

Chapter 01

# 캡스톤 디자인

## 1. 캡스톤 디자인(capstone design)이란?

캡스톤Capstone이란? 돌기둥이나 담 위 또는 건축물의 최고 위치에 놓인 장식을 말하는데 최종적으로 제작한 결과물이나 최고의 업적, 성취를 나타낸다. 캡스톤 디자인capstone design은 창의적인 종합 설계를 위한 아이디어를 도출하는 것으로 전공 교과의 이론이나 실습 또는 지식 등을 바탕으로 기업과 사회가 요구하는 과제나 창의적인 결과물을 만들어내는 것이다. 팀워크를 이루어 팀빌딩을 기반으로 결과물을 도출해 내거나 학생 개인이 기획부터 설계, 제작을 거쳐 이후 제공이나 판매까지 이어지는 것이다. 현장 실무에 대비하여 능력을 끌어 올리고 창

의적인 아이디어를 통해 결과를 도출해 내면서 팀워크와 리더십 등을 배울 수 있고 아이디어를 기반으로 해서 기획과 종합적인 문제 해결을 통하여 목적에 맞는 최종적인 결과물을 창의적으로 만들어낸다. 최근 서비스 관광계열에서도 창의적인 아이디어를 통해 서비스의 수준과 고객 감동을 높이기 위한 캡스톤 디자인 제작, 창의적인 인재, 실무 현장에 적합한 글로벌 창의 인재 양성을 목표로 한 교육이 이루어지고 있다.

## 2. 캡스톤 디자인 설정

고객은 어떤 것을 원할까? 고객을 위한 맞춤 아이디어

기업의 이미지와 이윤을 위한 디자인

자신이 고객이라 설정하고 고객의 입장에 설계하는 것

고객과 경쟁사에 대한 조사와 파악, 자료수집

디자인 싱킹을 통한 아이디어 도출

제주항공 특화서비스팀 승무원 '캘리그래피 부채'
제주항공 객실승무원 실제 기내식 메뉴
(제품 판매 중 = 메인메뉴 + 반찬)

〈사진 : 제주항공〉

## 3. 캡스톤 디자인 프로세스 설정단계

**1. 기획단계** → 어떠한 제품이나 서비스를 제작할 것인가에 대한 디자인을 기획하여 최종 결과물에 대한 필요성을 고려한다. 이러한 부분을 고려하면 형태가 있을 수 있고 없을 수도 있다. 즉 판매할 수 있는 제품으로 구성될 수 있거나 서비스 현장에서 일회성 또는 다회성 제공으로 구성될 수도 있다. 이때 아이디어를 도출해 내는 과정이 중요하다.

**2. 설계단계** → 세부 디자인과 더불어 구체적이고 자세한 설계를 한다.

**3. 제작단계** → 기획과 설계단계를 바탕으로 결과물 제작에 들어간다.

**4. 제공 또는 판매 / 진행 또는 실행**

## 4. 디자인 싱킹(design thinking)이란?

생각의Thinking 디자인Design을 말하는 디자인 싱킹은 소비자들, 즉 고객들이 원하는 디자인과 브랜드에 더욱 중요성을 부여하여 제품이나 서비스를 선택할 수 있도록 창의적인 아이디어를 도출해 내는 것이다. 아이폰을 만든 스티브 잡스는 "훌륭한 목수는 아무도 보지 않는다고 장롱의 뒷부분을 저급한 합판으로 쓰지 않는다", "아무리 박스 안에 들어 있다 하더라도 아름답게 만들어야 한다", "피카소는 좋은 예술가는 모방하고, 위대한 예술가는 훔친다고 했다는데 나는 훌륭한 아이디어를 훔치는 것을 부끄러워한 적이 없다"고 했다. 디자인에 관한 아이디어를 서슴지 말고 훔치라고 할 정도로, 눈에 보이지 않는 곳까지 신경을 쓸 만큼 그는 디자인에 관한 열정이 있었다는 일화가 유명하다. 소비자들 또한 디자인에 관한 비중이 커지고, 많은 기업들이 디자인에 관심을 기울인다. 이는 제품뿐 아니라 서비스 분야에서도 고객의 만족을 이끌 수 있는 곳까지 적용되고 있다. 상품의 기획부터 마케팅에 이어 그 밖의 관련 서비스 등 모든 과정에서 하는 디자인적 사고를 디자인 싱킹이라고 한다.

## 5. 팀 브라운(Tim Brown)의 디자인 싱킹

### 1. 사용자 중심

사용자 중심으로 디자인 싱킹을 해야 한다. 그래서 사용자를 관찰하고 이해하는 것이 중요하며 현장에 직접 뛰어들어 관찰하고 인터뷰하며, 사용자의 불편함을 확인하고 그 해결방안을 제시해야 한다. 공급자는 사용자 입장으로 직접 들어가야 한다.

**팀 브라운(Tim Brown)은 누구인가?**

세계적인 디자인 및 컨설팅 회사인 IDEO의 CEO. 자신의 회사에서 디자인 싱킹을 적극적으로 활용하여 제품을 디자인하고 서비스를 만들어내면서 IDEO는 세계적으로 혁신적인 기업을 만들었다.

**데이비드 켈리(David Kelley)는 누구인가?**

디자인 싱킹이 탄생한 IDEO사의 창시자이다. 그는 '*Creative Confidence*'라는 책을 통해 디자인 싱킹에 관한 철학을 담았다. "빨리 실패할수록 더 빨리 성공한다.(Fail faster, Succeed Sooner)"라는 철학이 담겨 있다.

### 2. 프로토타이핑과 테스트

프로토타입을 만들어 테스트하고, 실패하면 개선하는 일을 반복한다. 사용자는 어떠한 제품이라도 사용하면 불만이 생기기 때문에 핵심적인 기능을 중심으로 프로토타입을 제작해 사용자의 피드백을 받아야 한다. 개선점을 찾아 수정하고 이것을 반복하여 사용자에게 서비스가 구현되는 제품을 만든다. 디자인 싱킹은 한 번의 개선으로 완벽함을 얻을 수 없다는 것을 기억해야 한다.

### 3. 인내와 존중

팀원을 존중하고 브레인스토밍을 꾸준히 한다. 가능하면 많은 아이디어와 다양한 문제 해결방식에 관한 의견을 제시하고 도전과 실패, 수정 등의 반복되는 과정을 기다려야 한다. 팀원의 소통력을 통해 창의적 아이디어를 풍부하게 만들고 고객 만족도가 높은 문제 해결방식이 나오기 때문이다. 또한 팀원의 호기심을 자극해야만 디자인 싱킹이 가능하다.

# 6. 디자인 싱킹 프로세스

**A . 사전 준비**

팀 구성, 레퍼런스(참고, 인용)를 조사

**B. 주제와 목표 설정**

Who, Why, What에 대한 이해와 분석

**C. 비전 설정**

대상, 니즈 파악, 필요성 등

**D. 아이디어, 설계**

아이디어를 제시하고 설계 이후 아이디어 확장

**E. 테스트 후 실행**

실전에 앞서 핵심적인 부분을 테스트하고 수정 후 실행

**F. 평가, 피드백**

효용성, 제품의 가치 등 설문지 작성방법 외에 평가와 피드백, 수정 보완

**'디자인 싱킹'을 하는 리더가 가져야 할 10가지 덕목**

1. 공감을 통해 구성원의 경험을 이해한다.
2. 소비자의 만족과 회사의 이익을 창출하는 데 집중한다.
3. 다양한 의견, 경험들을 들어야 한다.
4. 팀원이 생각하고 보고 느낀 것과 아이디어를 공개적으로 표현하게 한다.
5. 호기심을 자극하는 질문을 통해 '지식'을 추구하도록 한다.
6. 구성원으로 하여금 자신의 실수와 약점을 받아들이도록 한다.
7. 구성원의 강점을 최대한 활용하도록 도와야 한다.
8. '고독한 천재'가 되려고 하지 말고 구성원들의 지식, 통찰력과 협력한다.
9. 호기심과 포용의 자세를 통해 발생할 수 있는 불일치, 갈등을 관리한다.
10. 개인적인 목적을 조직의 사명과 일치시켜야 한다.

출처 : 10 Top Attributes Elevate Design Thinking Leaders / Martin Zwilling

# 7. 브레인스토밍

## 브레인스토밍(brainstorming)이란?

브레인스토밍은 문제의 해결책을 찾아내기 위하여 구성원들이 생각나는 대로 형식에 얽매이지 않고 아이디어를 생각해 내는 것이다. 브레인스토밍을 할 때 상상 속에서만 있을 법한 아이디어나 이치에 맞지 않는다고 생각하는 아이디어라 할지라도 망설이지 말고 제시하고 서로 존중하는 것이 중요한데 브레인스토밍에서는 아이디어의 질보다 양이 중요하기 때문이다. 우리는 어떠한 주제가 주어졌을 때 나의 아이디어가 상대에게 어떻게 받아들여질지에 대해 의식하게 되는데 오히려 자유롭고 형식 없는 의견이 또 다른 아이디어를 만들고 그 아이디어에 덧붙일 수 있게 되는 것이다. 그러므로 제시하고 싶은 의견이나 아이디어를 망설이지 말고 발언하도록 한다. 아이디어의 양이 많을수록 우수하고 좋은 아이디어가 나올 가능성이 높다.

### 효율적인 브레인스토밍(brainstorming)을 위한 자세

1. 판단은 나중으로 미뤄라.
2. 창의적이거나 기발한 아이디어, 모순되는 아이디어 모두를 장려하라.
3. 주제와 목적에 집중하라.
4. 상대의 생각을 참조하고 벤치마킹하며 생각을 더하라.

## IDEO회사의 7가지 브레인스토밍 방법

① 문제를 잘 다듬고 정리해서 말한다. 문제를 정확하게 표현하여 브레인스토밍 참여자들이 쉽고 적극적으로 주제에 다가갈 수 있어야 훌륭한 출발을 할 수 있다.

② 상대의 아이디어에 대해 어떠한 비판 또는 반박을 하지 말고 귀기울여 시작하라. 서로의 신뢰로 인해 팀에 활기가 더해질 것이다.

③ 아이디어에 번호를 작성한다. 진행 중 참가자들을 자극하는 도구가 될 것이며, 브레인스토밍이 얼마나 적극적으로 막힘없이 진행됐는지 평가하는 수단이 된다.

④ 때로는 단숨에 뛰어넘는다. 열정적인 브레인스토머는 가파른 곡선을 따라가는 경향이 있다. 추진력을 서서히 구축하고 가파르게 뛰어오른 후 다시 안정적으로 도달하게 된다.

⑤ 아이디어를 사방에 기록한다. 거침없이 쏟아져 나오는 아이디어를 팀원 모두 볼 수 있는 곳에 기록하라. IDEO는 매직펜, 포스트잇 등의 도구들을 가지고 이를 실천함으로써 대성공을 거두었다고 한다.

⑥ 팀의 분위기를 달아오르게 하는 워밍업 시간을 가진다. IDEO가 실천하는 워밍업 중 빨리 말하는 낱말놀이가 있다.

⑦ 바디스토밍bodystorming을 실시한다. 시각적으로 뛰어난 브레인스토밍을 한다. 스케치, 마인드 맵 도형, 인체도 등이다. 비주얼 자료를 가지고 실시하라.

## 8. 팀워크 & 팀빌딩

**팀워크 & 팀빌딩을 위한 구성원의 마인드**

① 목적지를 향해 한 배를 타게 된 사람들이라는 인식
② 소통과 존중 커뮤니케이션
③ 창의적 아이디어를 도출하려는 자세
④ 서로의 신뢰는 구축하고 갈등은 해소
⑤ 토론을 통해 의견의 일치를 이끌어내고 결정된 의견에 협조
⑥ 구성원들의 역할 분담에 적극적으로 협조
⑦ 자신의 분담이 선해결되면 다른 구성원에게 협력
⑧ 적극적인 참여 실행력
⑨ 결과물에 대한 성과의 공은 함께 나눔

**팀워크의 상승효과**

1. 생산성 증가로 인한 빠른 결과물 도출
2. 적극적인 제안으로 효율적인 문제 해결
3. 팀원 간의 높은 신뢰로 좋은 분위기 조성
4. 맡은 임무에 대한 책임감 상승
5. 효율적인 회의진행
6. 창의적인 아이디어 도출
7. 결과물에 대한 팀 만족도 상승

**시너지 효과(synergy effect)**

전체적인 결과를 위해 각 개인이 공동작업에 참여하면서 상승작용을 일으키고 협력효과를 나타내는 것을 시너지 효과(synergy effect)라고 한다. 구성원 간의 팀워크가 좋을수록 시너지 효과는 상승한다. 공동작업을 진행하면서 서로의 정보를 공유하고 의견이 잘 매칭될 수 있는 방안을 찾는다. 존중과 배려를 기반으로 원활한 커뮤니케이션을 통해 결과물을 위한 효율성을 높일 수 있다.

## 9. 팀빌딩 프로세스

- 특화된 팀명 선정
- 리더 선정
- 목표 설정(Who, Why, What)
- 기획-아이디어 회의
- 목표 확정-자료조사, 시장조사
- 역할 분담
- 세부 플랜
- 자료 취합, 수정
- 시뮬레이션
- 발표
- 평가작성 & 피드백
- 수정, 보완
- 적용, 판매
- 프로젝트 이후 향후 계획

**링겔만 효과(Ringelmann effect)**

막시밀리언 링겔만(Maximilien Ringelmann)의 실험을 바탕으로 만들어진 개념으로, 한 집단 구성원의 증가가 그 조직의 역량에 비례하지 않는다는 것을 말한다. 즉, 개개인의 역량이 조직의 규모가 클수록 감소한다는 말이며 시너지 효과(synergy effect)와는 반대 개념으로 해석된다. 농업 관련 전문 공학자이면서 심리학자인 막시밀리언 링겔만(Maximilien Ringelmann)은 1913년에 줄다리기 실험을 통하여 참여자가 많아질수록 개개인의 힘이 줄어든다는 사실을 발견하였다. 줄이 당겨지면 힘을 측정할 수 있는 장치로 인원을 단계적으로 늘려 참여자들의 힘을 측정하였다. 결과는 참여자의 수가 많아질수록 개인이 발휘하는 힘은 작아진다는 것이다. 개인이 가지고 있는 힘의 크기를 100%로 설정하고 줄을 당기는 참여자가 많아질수록 힘을 발휘하는 수치는 작아졌다. 줄을 당겼을 때 2명의 참여자 그룹은 93%, 3명 참여자 그룹은 85%, 그리고 8명 참여자 그룹은 49%의 힘을 발휘한 것으로 나타났다. 하지만 조직의 크기에 따라 참여자의 능력이 발휘되는 효과는 시너지가 날지 역시너지가 날지는 항상 생각하고 결정해야 한다.

# 팀빌딩 실습과제

1. 디자인 싱킹을 위한 팀명을 만드시기 바랍니다.

팀명 :

팀명에 담긴 의미 :

2. 팀의 리더를 선정하시기 바랍니다. 팀의 리더를 선정한 기준은 무엇입니까?

리더명 :

리더 선정 기준의 이유 :

3. 디자인 싱킹 주제를 정하고 자유로운 디자인 싱킹을 진행하시기 바랍니다.

4. 회의를 통해 팀의 모토(Motto)를 정하시기 바랍니다.

* 리더가 팀에 대한 정보와 디자인 싱킹에 대하여 발표하시기 바랍니다.

# Chapter 02

# 캡스톤 디자인을 위한 분석

1. SWOT분석
2. 거시적 환경 분석
3. 고객층 Target 분석
4. 트렌드 분석
5. 메가 트렌드 & 마이크로 트렌드
6. 페르소나를 통한 경험 분석
7. 목표 Target층을 위한 페르소나 설정 조건

Chapter 02

# 캡스톤 디자인을 위한 분석

## 1. SWOT분석

- **강점**(strength) : 내부환경에 대한 강점
- **약점**(weakness) : 내부환경에 대한 약점
- **기회**(opportunity) : 외부환경에서의 기회(고객, 경쟁사, 거시적 환경)
- **위협**(threat) : 외부환경(고객, 경쟁사, 거시적 환경)에서 비롯된 위협

강점과 약점을 경쟁사와 비교하여 고객으로부터 인식되고 있는 부문은 무엇인지, 외부환경을 분석하여 기회와 위협을 찾아 강점을 활용하고 약점을 해결하며 기회를 통해 위협을 극복하는 것이다.

## 2. 거시적 환경 분석

### 거시적 환경 분석(PEST분석)이란?

기업의 힘으로만 변화시킬 수 없는 제품 또는 서비스를 둘러싸고 있는 요인 중에서 광범위한 범위

**(Politics-정치적 요인)**

정치의 동향, 고용환경에 대한 법적 변동, 정부 정책방향, 정치직 이슈 등

**(Economics-경제적 요인)**

경제성장률 전망, 고용과 물가 안정, 이자율과 환율의 변화, 인건비 변동, 경제적 이슈

**(Social-사회적 요인)**

출산율, 고령화 등 인구구조 변동, 라이프 스타일의 변동, 트렌드의 변화, 건강과 환경, 복지 등에 대한 관심, 사회적 가치관의 변화, 고객으로부터의 요구사항 변동, 사회적 이슈

**(Technology-기술적 요인)**

신기술, 발명 등 기술의 발전, 기존 기술의 도태와 업그레이드, 새로운 대체제와 신상품, 신기술 활용, 신상품, 기술적 이슈

## 3. 고객층 Target 분석

목표로 하는 고객층에 대한 분석을 통해 고객들에게 새로운 이미지를 전달할 필요성이 있다. 그러므로 고객층을 파악하는 것이 중요하다. 성별, 연령 등. 또한 WHAT, WHY 등 관심사를 공략해야 한다. 시간이 지나면 처음 구축한 포지셔닝을 변경해야 한다. 경쟁사의 제품이나 서비스로 인해 기존 매출이 하락하고 고객 욕구의 트렌드가 변화함에 따라 리포지셔닝이 이루어져야 한다. 캡스톤 디자인을 통해 기존 제품의 가치 또는 서비스의 품질 향상과 변화를 모색해야만 한다.

### 포지셔닝/리포지셔닝

**포지셔닝(positioning)**

소비자의 마음에 자사의 제품이나 기업의 능력과 관련해 가장 유리한 포지션에 놓일 수 있도록 노력하는 과정을 말한다. 소비자에게 선택될 수 있는 제품을 포지셔닝하기 위해서는 그 제품의 특징을 정확히 파악하고 소비자를 분석하여 소비자 요구와 제품에 대한 불만족이 어떠한 것인지 원인을 파악해야 한다. 또한 경쟁 속에 놓인 제품이 무엇인지 경쟁상대를 파악한다. 이때 표적시장의 설정에 따라 경쟁자가 달라질 수 있다. 그래서 경쟁사와 그 제품을 분석하고 현재 경쟁제품이 소비자들에게 어떻게 평가되고 있는지 파악해야 한다. 또한 시간이 지나 경쟁환경이나 소비자의 욕구가 달라질 수 있으므로 목표 포지션을 재설정하여 리포지셔닝을 해야 한다.

**리포지셔닝(repositioning)**

소비자의 욕구와 경쟁환경에 따라 기존제품이 가지고 있는 포지션을 분석해 새롭게 변화시키는 활동을 말한다. 처음에 설정한 포지셔닝은 시간이 흐름에 따라 적합하지 않을 수 있으므로 철저한 분석을 통하여 개발해야 한다. 목표로 하는 시장, 제품의 범위, 브랜드 등에 대하여 리포지셔닝이 이루어져야 하나 기존 제품의 브랜드 이미지가 강한 경우 그 이미지를 변화시키기는 어려울 수 있다. 소비자에게 이미지를 변화시키기 위해서는 신제품의 포지셔닝 전략에 비하여 어려움이 따를 수 있다.

## 4. 트렌드 분석

글로벌 A기업의 한국지사 담당자에게 던진 질문이다. "최근 들어 좋은 성과를 낸 이유가 무엇입니까?" 그 대답은 "트렌드를 잘 파악했다는 것입니다." 트렌드 분석에서 가장 중요한 부분은 수요 예측이다. 거시적인 환경변화와 큰 관계성을 가지고 있는데 지난 기간 자리잡고 있던 트렌드를 토대로 분석하고 그것을 토대로 예측을 통해 계획을 수립한다. 전 세계적으로 SNS(소셜네트워크서비스) 이용자 수는 증가하고 연령, 성별에 따라 이용하는 SNS는 다르지만 이용자의 특성을 파악하고 활발한 SNS 트렌드의 흐름을 파악할 수 있어야 한다. 소비패턴에 있어 윤리성과 친환경적인 이슈에 관심을 갖는 고객은 가격, 성능 외에도 공정무역이나 환경문제까지 꼼꼼히 살핀다. 그래서 재활용, 업사이클링 제품 등 다양한 가치소비를 즐기는 추세인데 업사이클링이란 '업그레이드Upgrade'와 '리사이클링Recycling'의 합성어이다. 이미 사용되었거나 버려진 물건에 디자인을 더하고 활용성을 추가하여 더욱 가치있는 제품으로 재탄생시키는 것을 말한다. 많은 기업들이 환경 보호에 관심을 두고 친환경이라는 슬로건 아래 호텔이나 항공사들도 이에 동참하기 위해 노력하고 있다.

트렌트 분석에 있어 타깃층에 대한 정보와 흐름을 파악하는 것이 중요한데 쉬코노미란 여성을 뜻하는 대명사인 그녀she와 경제를 뜻하는 이코노미economy의 합성어로, 여성이 경제 주체로 나서는 '여성 경제'를 의미하는 용어이다. '쉬코노미'는 자신이 원하는 것을 위해 지갑을 여는 여성들이 주체가 되는 경제라는 의미로, '쉬코노미SHEconomy'가 트렌드로 자리 잡고 있다. 미국에서 여성 소비자들이 전체 구매 결정의 85%라는 큰 영향을 미치며 미국에서 처음 이 용어를 사용했다. 소비에 있어 큰 힘을 발휘하는 타깃층으로부터 트렌드를 파악하는 것은 기업의 이윤을 창출하는 데 큰 영향력을 준다.

## 양떼효과(herding effect)

무리에서 혼자 뒤처지지 않기 위해서 다른 사람들을 따라하는 현상으로 일종의 군집효과이다. 떼로 몰려다니는 양들은 우두머리를 따라 움직이는데 이러한 모습에서 나온 것이다. 양들을 모아놓으면 서로 좌충우돌한다. 하지만 선두에 있는 우두머리 양이 지휘하게 되면 양들은 일제히 우두머리 양을 따르게 된다. 양떼가 지나는 길에 가로로 나무를 눕혀 놓았을 때 우두머리 양이 뛰어넘으면 나머지 양들도 따라서 차례로 뛰어넘는다. 재미있는 사실은 나무를 치워도 이전처럼 뛰어서 지나간다는 것이다. 이와 같이 양떼효과는 무리 안에서 뒤처지지 않기 위해 따라 하는 양들의 특성을 비유한 것이다.

사람들이 유행하는 패션이나 인기 있는 음식 등을 소비하려는 성향을 이르는 양떼효과는 자신이 뒤처졌다는 느낌을 갖지 않기 위해 어쩔 수 없이 구매한다는 것이다. 유행하는 특정 브랜드의 옷이나 인기 있는 전자제품을 구입하는 이유는 다른 사람들과 같은 제품을 사용하려는 욕구인 것이다.

## 5. 메가 트렌드(megatrends) & 마이크로 트렌드(microtrends)

### 메가 트렌드(megatrends)

미국의 미래학자 네이스빗(John Naisbitt)의 저서 『메가트렌드(Megatrends)』에서 유래되었다. 메가 트렌드는 사회공동체에서 발생되는 거대한 시대적 흐름을 말한다. 공동체에서 사회적, 경제적, 문화적으로 거시적인 변화가 있을 때를 말하는데 소비자의 동조와 그에 따른 기간이 10년 이상 지속되면 메가 트렌드라고 볼 수 있다. 예를 들어 점점 더 고령화 사회가 되면서 노인복지와 관련된 제품이 지속적으로 소비될 것이라는 분석이다. 경제적, 사회적, 문화적, 인류적, 종교적 등 다양한 변화 가운데 현재 대세로 주목받는 트렌드라 할 수 있다.

### 마이크로 트렌드(microtrends)

미래에 대하여 큰 시선으로 바라본 변화가 메가 트렌드(megatrends)라면 마이크로 트렌드(microtrends)는 구체적인 제품이나 서비스의 개발로 연결시키기 위하여 소비자들의 니즈(needs : 필요의 인식으로부터 유발되는 소비자의 욕구)에 타깃을 두고 명확한 목표를 설정한다. 소수의 열정적 집단이 동조하는 작은 변화를 의미하며 이 소수의 사람들이 먹고 마시고 입고 생각하고 추구하는 것 등의 생활방식 가운데 트렌드화될 만한 것들을 마이크로 트렌드라 부른다.

## 6. 페르소나(persona)를 통한 경험 분석

고객서비스를 위한 설계를 목표로 아이디어를 도출하기 위해 먼저 고객의 입장을 분석하고 기획자가 고객이 되어보는 것이 중요하다. 페르소나는 그리스 연극에서 배우들이 쓰던 가면으로 가상의 인물을 설정하여 가장 효율적이고 이상적으로 고객을 대신할 수 있는 방식이다. 새로운 제품과 서비스를 개발하기 위한 디자인은 고객의 입장에서 만족스러움과 재구매 또는 재방문까지 이끌어야 한다. 페르소나는 제품이나 서비스를 선택할 가상의 고객을 정의해야 하는데 페르소나의 정확한 설정과 주요 고객을 이해하도록 한다. 예를 들어 항공사의 펫서비스를 기획하면서 반려견을 아끼는 고객층을 대상으로 이 서비스가 "왜" 필요한지 서비스를 이용하는 동안 어떠한 혜택으로 감동서비스를 제공할 것이지 생각해야 한다. 예를 들어 호텔서비스에서 가족 방문객을 유치하기 위한 서비스에서 페르소나라는 가상의 인물을 설정하고 어르신과 동반한 가족여행인지 유아를 동반한 가족여행인지 고객의 입장에서 바라보고 느낄 수 있도록 경험한다면 효과적인 캡스톤 디자인의 결과물이 형성될 것이다. 이는 바이어 페르소나Buyer Persona라고도 하는데 각종 데이터와 자료를 통하여 이상적인 구매자를 추측할 수 있다. 제품이나 서비스를 선택하려는 잠재된 고객을 가상으로 설정하여 목표와 일치하는 결과물을 도출할 수 있다.

**페르소나란?**

고대 그리스 연극에서 배우들이 사용했던 가면으로 그리스 어원에서 나온 '가면'을 말하는데 '외적 인격' 또는 '가면을 쓴 인격'을 뜻한다.

# 7. 목표 Target층을 위한 페르소나(persona) 설정 조건

**페르소나 설정의 예**

- 김00 고객(여름 휴가 준비)
- 40대 회사원/ 남성/ 기혼/ 딸이 하나 있고 맞벌이
- 아내와 합한 연소득은 00만 원. 수도권의 00평 아파트에 거주
- 큰 관심사는 승진. 회사는 업무강도가 높음
- 상사와 동료들과 경쟁적 구도로 일에 대한 스트레스 많음
- 아이의 교육에 대한 관심이 많아 여러 경험을 갖게 해주려고 함
- 시간을 내기가 어렵지만 길지 않은 일정 선호
- 아이를 위한 경험장소를 찾는 중

* 이러한 페르소나 고객을 위한 휴가를 제안한다면?

# 팀별 분석전략 과제

**최근 트렌드를 분석하시오.(먹거리, 볼거리, 여행 외)**

- 계절, 연령, 성별, 제품, 선호이유, 전년 트렌드
- 앞으로의 예상 트렌드 - 이유 - 차별화

## 1. 목표설정(Who, Why, What)

## 2. 자료수집, 검토

## 3. 시장조사, 트렌드가 된 이유

Memo

# Chapter 03

# 서비스 차별화 전략 캡스톤 디자인

1. 서비스 차별화란?
2. 서비스 차별화 전략 설정

Chapter 03

# 서비스 차별화 전략 캡스톤 디자인

## 1. 서비스 차별화란?

기업은 고객들에게 보다 나은 제품과 서비스의 만족을 제공하여 재구매와 재방문을 유도한다. 여기서 경쟁사와는 차별화된 서비스를 제공함으로써 고객을 이끄는 데 집중하여 경쟁구도에 있어 우위를 독점해야만 한다.

고객층, 시즌, 트렌드 등에 따른 마케팅을 통해 고객들이 선택하려는 제품이나 프로그램이나 브랜드 등의 시장조사를 통해 어떠한 점이 더 뛰어나고 고객들에게 선택의 조건이 되는지 확인하여 자사 제품에 대한 분석이 이루어져야 한다. 특히 서비스의 소멸성이라는 특징을 고려하여 고객들에게 만족감을 제공함으로써 다시금 선택하게 만드는 차별화 서비스는 캡스톤 디자인을 통해 필요한 작업이다.

### 불황이었던 항공업계에서 성공한 사우스웨스트 항공사

"흡연하다 들키면 어떠한 조치를 취하는지 잘 아시죠? 비행기 날개 위로 나가 영화 '바람과 함께 사라지다'를 관람하도록 조치됩니다."

유머러스한 사례로 인용되는 사우스웨스트 항공사의 기내 방송 멘트이다. 사우스웨스트 항공의 너츠 마인드 중 '너츠(nuts)'는 미친, 파격적인, 기발한, 열광한다는 의미로 사우스웨스트에서 기내식 대신 제공하는 '피넛'의 줄임말이기도 하다.

사우스웨스트 항공에서 너츠 마인드는

- 고객은 두 번째, 지원이 첫 번째
- 회사의 주요 문제를 팔씨름으로 결정
- '반바지를 입고 출근해도 무방합니다.'라고 광고
- 회사 정책보다 파티 계획을 짜는 데 더 많은 시간을 활용
- '혼자서 해결하는' 리더십은 과거의 유물이라는 생각

### 캡스톤 텔링

롯데호텔은 최근 아시아나항공과 함께 업계 최초로 무착륙 관광비행 에어텔 상품 '트래블 어게인'을 준비했고, 서울신라호텔은 삼성전자의 최신 생활가전을 체험할 수 있는 프리미엄 상품인 '익스피리언스 룸 위드 삼성전자'를 내놨다.

여기에 서울 시내 일부 호텔들은 장기 투숙 프로모션이나 재택근무 수요가 늘고 있다는 점을 반영해 낮에 호텔에서 업무를 보는 '재텔근무' 상품도 판매 중이다. 그랜드 조선 제주나 파라다이스호텔 부산 등은 봄에 맞는 패키지로 고객을 기다리고 있다.

이와 함께 전국 주요 호텔들은 코로나19 장기화에 맞춰 고객을 위한 딜리버리 로봇 등 비대면 서비스를 강화하고 있다. 일례로 대구 메리어트 호텔&레지던스는 KT의 '기가지니'를 활용해 AI 음성 명령을 이용한 서비스를 도입했고, 교원그룹의 스위트호텔 제주는 셀프 체크인과 체크아웃 서비스로 고객이 안심하고 편안한 휴식을 즐길 수 있도록 했다.

한 업계 관계자는 "지난해 시작된 코로나19 사태로 호텔업계가 사상 초유의 위기에 직면했지만 최근 백신 공급으로 업황 회복을 기대하고 있다. 이에 차별화 전략 등을 전개하며 생존을 위해 총력을 기울이고 있다"고 말했다.

〈출처 : 글로벌이코노믹〉

# 2. 서비스 차별화 전략 설정

### ① 전통 차별화 – 전통을 이용한 차별화

브랜드의 선두라는 이미지는 오랜 전통과도 관계가 있다. 오랜 전통을 가진 덕에 기업과 제품의 이미지는 소비자들에게 신뢰를 준다. 또한 그 제품이 어느 지역, 어느 나라, 몇 년의 역사와 전통을 가졌는지에 따라 소비자들의 감흥 정도와 의미가 달라진다. 예를 들어 맥주로 유명한 독일의 국민이 와인이나 사케를 팔고 있다면 어떨까? 과연 그 제품의 품질을 신뢰할 수 있을까? 설령 정말 좋은 제품일지라도 맥주를 추천하는 것이 더욱 신뢰를 줄 것이다. 오랜 기간 원조라고 알려진 나라에서 판매되는 제품은 소비자들의 신뢰를 받을 수밖에 없다. 러시아의 보드카, 독일의 자동차, 스위스의 시계, 프랑스의 와인 등과 같이 소비자들 입장에서는 그 나라 제품이라고 하면 무조건 신뢰하기도 한다. 오랜 기간 입지를 다진 국가들은 저마다의 전통을 바탕으로 제품을 차별화한다는 것이다.

영국을 대표하는 메뉴 중 피시 앤 칩스FISH & CHIPS는 1순위로 꼽을 만큼 전통을 자랑한다. 영국의 역사와 긴밀한 피시 앤 칩스가 한 나라를 대표하는 생선튀김 음식이 된 것이다. 생선튀김과 감자튀김을 함께 즐기는 조합은 19세기 중반 대중적으로 자리 잡았던 것으로 빠른 시간 안에 한끼를 해결할 수 있는 메뉴로써 노동자들에게 사랑을 받았다고 한다. 피시 앤 칩스의 생선재료는 대구cod로, '코드 앤 칩스'라고 부르기도 한다.

또한 소비자는 '50년 가업을 잇는 추어탕집'이라든가 '3대째 운영하고 있는 양복점', '30년 전통 원조 만두' 등과 같이 가족이 운영하거나 오랜 세월 명맥을 유지하는 기업에는 신뢰를 갖는다. 그래서 전통은 제품을 돋보이게 하는 매력이 될 수 있으며, 강력한 차별화 전략이 될 수 있다.

### ② 속성을 이용한 차별화

제품 또는 서비스가 갖고 있는 독특한 속성을 차별화하는 방법으로 가장 강력한 속성이라 하면 단순하지만 그 제품만의 장점을 강하게 보여줄 수 있는 것이다. 볼보는 오랜 기간 '안전한 차'라는 콘셉트로 소비자들에게 볼보 하면 누구나 '안전'이라는 단어를 떠올리도록 이미지화하였다. 볼보의 '안전한 차' 콘셉트는 그 단어 뒤에 높은 기술력과 뛰어난 디자인이라는 속성까지 있다. 미국 콜게이트Colgate 치약의 경우 '구취 제거'를 차별화 포인트로 하여 입냄새 없는 상쾌함을 강조하며 치약시장에서 독보적 브랜드가 되었다. 이에 맞서는 P&G는 크레스트Crest 치약을 출시하며 '충치 예방'이라는 차별화 속성을 콘셉트로 미국 시장에서 판매율 높은 치약 브랜드가 되었다. 이와 같이 구매자의 입장에서 가장 큰 혜택을 주는 의미와 강력한 속성을 찾아내어 차별화 전략을 펼쳐야 한다.

볼보의 30m 낙하 테스트

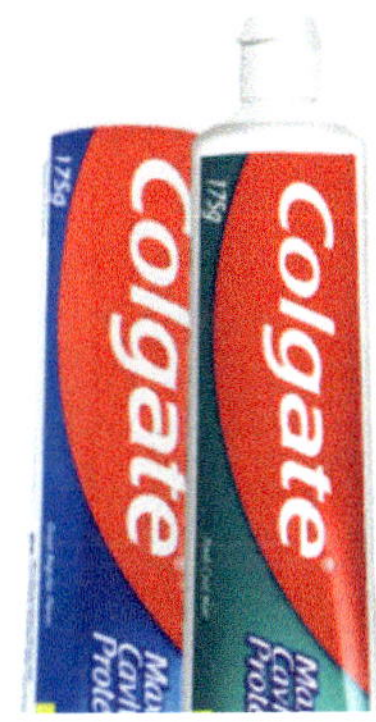


### ③ 원조 차별화

원조라 인정하며 최초로 만들어진 제품을 오리지널이라 인식하는 Target층 소비자들은 후발 주자의 브랜드를 유사품으로 생각할 수 있다. 소비시장에서 가장 먼저 출시된 제품들이라는 차별화된 이유로 인하여 소비자들에게는 강하게 기억된다. 원조 또는 최초라는 인식을 소비자들에게 제공하며 굳건히 자리 잡게 되지만 이후 후발기업들이 특별하고 독특한 또 다른 차별화를 추가하며 원조보다 더 나은 전략을 시장에 내놓고 있다.

코카콜라 - 콜라의 원조

크리넥스 - 미용티슈의 원조

리바이스 - 청바지의 원조

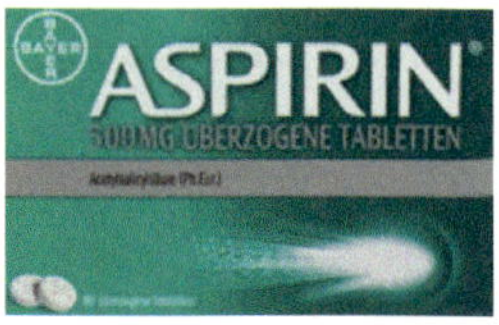


아스피린 - 두통약의 원조

### 청바지의 원조라는 차별화 - 리바이스(Levi's)의 이야기

1853년 "리바이 스트라우스". 유대계 독일인이었던 그는 텐트 제작을 위해 사용될 천 제작 의뢰를 받은 후 많은 양의 천을 만들게 되는데 한 직원의 실수로 파란색 염료로 천을 염색하게 된다. 하지만 의뢰자는 구매를 거절하였고 그 천은 많은 양의 재고로 남게 된다. 리바이 스트라우스는 이 천에 대해 고민을 하다가 그 당시 광부들이 착용하는 바지가 잘 찢어진다는 생각을 해내고 튼튼하고 질긴 텐트용 천으로 바지를 만들게 된다. 이렇게 제작된 청바지는 광부뿐 아니라 많은 소비자에게 인기를 얻게 된다. 1860년 리바이 스트라우스는 그 인기를 기반 삼아 '리바이스'라는 이름으로 청바지의 원조라는 명성과 차별성을 갖게 된다. 골드러시가 한창인 시절 많은 노동자와 광부들은 내구성이 강하고 질긴 옷이 절실했다. 리바이스를 떠올리면 붉은색 백포켓의 탭이 강한 이미지로 인식된다. 이는 1936년에 도입되었다고 전해지며 다른 브랜드와의 차별성을 갖게 되었고 백포켓의 2중 라인의 아치모양 스티치 디자인은 리바이스에서 최초로 시도된 백포켓 디테일의 하나이다. 청바지는 '진'이라고도 하는데 그 당시 원단을 공급받던 장소의 명칭이 이탈리아의 제노바에서 만들어졌다고 해서 '진'이라 불리기 시작했다고 전해진다.

### 한국인이 손꼽는 청바지 브랜드

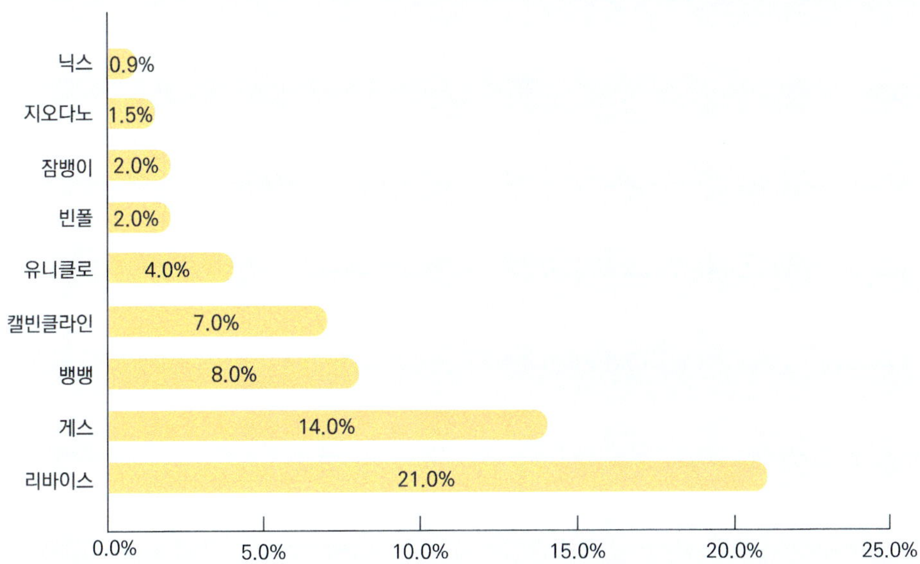


주 : 한국갤럽-2019년 5월에 전국 만 13세 이상 남녀 1,700명을 대상으로 청바지 브랜드 선호도에 관한 설문조사 실시

## ④ 매스클루시버티(massclusivity) & 매스티지(masstige)

### 매스클루시버티(massclusivity)

'mass'+'exclusivity'의 합성어.

특별한 소수 고객의 요구를 반영하여 그들을 위한 맞춤 생산으로 제공되는 고급제품 또는 고급서비스를 말한다. 명품을 판매하는 업체에서는 'VIP'를 넘어서 'VVIP'라는 개념을 도입해 소수고객만을 위한 차별화된 전략으로 고객만족을 제공하려고 한다. 대량 맞춤생산mass customization에서 비롯된 개념이지만 소수의 고객에게 특별한 서비스를 제공하기 위해, 최고로 우대하는 서비스의 개념이다.

#### VVIP(Very Very Important Person)

VIP(Very Important Person : 고객 중 지명도가 높거나 중요한 고객)보다 단계가 높은 극소수의 상류층에 해당하는 고객을 의미한다. 연봉과 자동차, 직업, 거주지 등 VVIP 기준의 조건들에 해당하는 상위 1%에 속하는 고객을 보통 VVIP라 칭한다. 차별화된 명품을 원하는 최상의 고객을 대상으로 한다.

## 매스티지(masstige)

비교적 가격이 저렴하면서 고객들이 만족할 수 있는 고급품을 소비하는 경향을 말한다. 대중mass과 명품을 의미하는 단어prestige product를 합친 신조어로 명품의 대중화 현상을 말한다. 중산층의 소득이 향상되면서 명품을 소비하는 경향을 말하는데 소비성향을 나타내는 사람들을 매스티지족이라 한다. 보통 의류와 화장품, 가방과 같은 상품을 구매하는데 가전, 식품, 스포츠용품 등으로 분야가 확대되는 경향이 있다. 이러한 소비현상의 타깃층을 넓혀 백화점 내에 매스티지존을 만들기도 하였다.

이랜드 직매입 편집숍

### 트레이딩 업(trading up)

중산층의 소비가 새로운 명품브랜드를 구매하는 경향을 의미하는데 상향구매라고도 한다. 중저가의 제품을 소비하던 중산층의 고객들이 높은 품질 또는 감성적 만족을 위하여 비교적 저렴한 가격의 신명품 브랜드(new luxury brand)를 소비하는 경향을 뜻한다. 중산층 소득의 수준이 높아지면서 더욱 나은 삶의 추구를 반영하는 것으로 실속을 위해 저렴한 상품을 소비하는 경향인 트레이딩 다운(trading down)과 반대되는 개념이다.

**베블런 효과(veblen effect)**

제품의 가격이 상승하고 고가로 형성되더라도 일부 계층이 과시하고 싶은 욕구나 허영심으로 수요가 줄어들지 않고 소유하기를 원한다.

미국의 사회학자, 사회평론가인 베블런(Thorstein Bunde Veblen)의 저서이며 1899년 출간한 『유한계급론(有閑階級論)』에서는 "상류층의 소비는 사회적인 지위를 과시하기 위해 행해진다"고 한 데서 유래하였다. 이 책에서는 물질만능주의를 비판하고 상류층의 사람들에 대해 표현하였는데 그들은 "성공에 대한 과시와, 허영심의 만족을 위해 사치를 일삼는다"라고 하였다. 베블런 효과는 가격의 상승에도 불구하고 수요는 줄어들지 않고 오히려 증가하는 현상이다. 값비싼 귀금속이나 고가의 제품, 고급 자동차 등 경제적 상황이 악화되더라도 수요는 전혀 줄어들지 않는다는 것이다. 그래서 가격이 상승하면 할수록 수요는 증가하게 되고 값이 하락하면 누구나 구입할 수 있다는 이유로 구매하지 않게 된다.

**스놉 효과(Snob effect)**

'비싸야 더 잘 팔린다?' 부유층의 소비자들은 일반 소비자들이 그들만의 소비행태를 따라 하는 것을 싫어한다고 한다. 이러한 용어를 영어로 '스놉 효과(snob effect)'라고 하는데 스놉 효과는 물건을 소비할 때 상대와 다르게 자신만의 개성을 추구하는 소비에 대한 결정을 말한다. 우리나라 말로는 왜가릿과에 속하는 새 이름인 '백로 효과'라고 한다. 스놉이라는 용어는 잘난 척, 과시하는 사람을 비꼬는 말로, 자신이 줄곧 사용했던 물건이라 할지라도 그 물건이 대중화되면 다른 이들이 잘 모르는 나만의 상품으로 바꾼다는 것이다. 마치 검은 까마귀들이 몰려들면 흰 백로가 멀어지려 하는 것과 같이 보인다는 표현이다. 스놉 효과는 고급을 지향하는 개성을 추구하는 경향이라 할 수 있다.

**스놉 효과의 발생**

고급스러운 제품이 처음 출시되었을 때 그 제품에 대한 재빠른 구매가 나타난다. 그 순간 '고급' 제품을 구매할 수 있는 '영광'을 아무나 누릴 수 없다는 이유이다. 하지만 제품에 대한 시장점유율이 늘어나 누구나 사용하는 제품이 된다면 그 제품을 더 이상 구매하지 않게 된다. 이러한 스놉 효과는 아무 제품에서나 발생하는 것이 아니라 가격이 비쌀수록, 고급품으로 인식될수록 나타난다. 그 제품을 사용하는 것이 과시의 형태로 소비되는 제품일 경우 가격이 오르면 소비가 늘어나는 베블런 효과가 발생한다.

### 위버 럭셔리(Uberluxury)

영어로 'uber'는 최고라는 의미로 사치품을 의미하는 'luxury'와 합성한 신조어인 'Uberluxury'는 일반적인 명품 가격보다 훨씬 비싼 초고가 명품을 일컫는다.

이것은 명품의 대중화를 의미하는 '맥셔러리(맥도날드 + 럭셔리의 합성어)'로 '매스티지(Masstige)'의 반대 개념이라 볼 수 있다. 위버 럭셔리 제품은 브랜드나 그 자체로서 희소성이 높다는 이유로 구매력을 자극하고 개인 소장이나 자산의 가치를 중요시하는 소비자들이 선호한다.

### 리미티드 에디션(limited edition)

'한정판 제품'을 뜻하는 리미티드 에디션(limited edition)은 희소성이 높고 소장가치 때문에 그리고 더 이상 구매할 수 없다는 이유로 구매욕구를 끌어올린다.

이러한 리미티드 에디션(limited edition)은 제품의 색상이나 디자인을 차별화하고 외부의 포장을 달리하여 정해진 수량만 판매되는데 실질적으로 가격은 더욱 비싸다.

수량이 제한되어 쉽게 구입할 수 없는 한정판이라는 점이 구매심리를 자극한다.

## 대한항공 굿즈

대한항공은 퇴역 항공기를 분해해서 만든 네임태그를 마일리지를 이용해서 구매할 수 있게 했는데 항공 마니아들에게 높은 관심을 끌었고 품절사태까지 벌어졌다. 항공기의 겉면aircraft skin으로 제작되어 네임태그마다 각각 다르고 고유번호가 새겨져 있다. 대한항공은 퇴역 항공기를 분해하여 네임태그 제작과정도 동영상으로 공개했다.

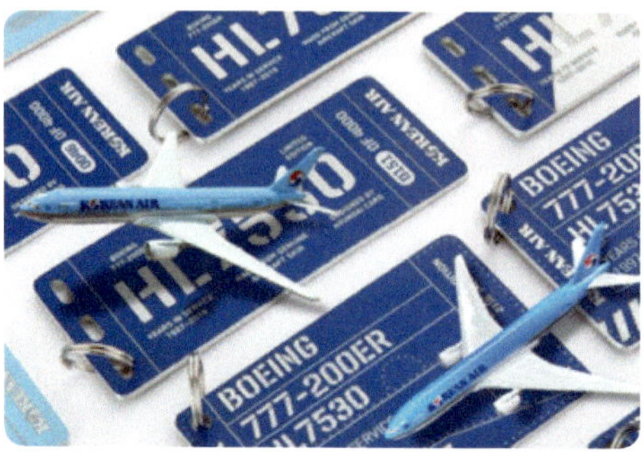

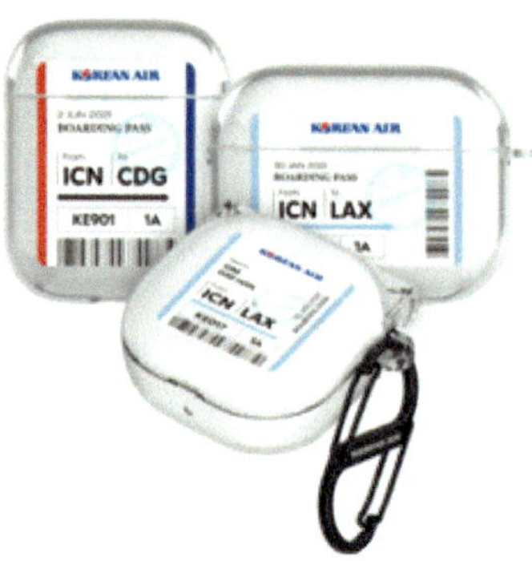

출처 : www.e-skyshop.com

## 에어서울 굿즈

에어서울 민트몰에서 판매되는 항공기와 유니폼 등은 에어서울의 로고와 결합된 독특한 디자인을 바탕으로 제작되었다. 온라인 쇼핑몰인 민트몰에서는 고객들을 위한 휴대폰 그립톡과 케이스, 무선 이어폰 케이스와 키링 등의 에어서울 디자인 상품을 판매하고 있다.

에어서울 원형 스마트 톡/ 유니폼 스마트 톡

출처 : www.mintmall.co.

## 제주항공 굿즈

제주항공은 제주 Air Café(에어카페)를 운영 서비스하고 있다. 기내에서는 간식과 음료 외에도 제주항공을 상징하는 로고를 넣어 디자인한 제품을 판매 중인데 모형비행기부터 비행기블록, 비행기 목베개, 피규어 등 다양한 구성의 제품이 고객을 기다리고 있다.

출처 : www.jejuair.net

### 티웨이 항공 t'shop 굿즈

티웨이 항공은 기내 티숍t' shop을 통해 스낵류와 음료는 물론 떡볶이 외 여러 종류의 간편식의 판매는 물론 고객들을 위해 새롭고 다양한 메뉴를 개발하고 있다. 티웨이만의 굿즈를 제작해 기내에서 판매서비스하고 있다.

출처 : www.twayair.com

### '항덕'(항공덕후)

항공사들의 굿즈 판매전략은 고객을 위한 서비스이기도 하지만 회사의 이미지와 홍보효과에도 큰 영향을 미치고 있다. 항공사의 굿즈를 수집하는 '항덕'(항공덕후)들은 제품을 구입하기 위해 항공사에 문의한다. 수익이 많이 남지는 않는다고 밝힌 S항공사는 회사의 브랜드 이미지와 고객을 위해 굿즈를 판매한다고 하였고, 또 다른 J항공사는 굿즈에 대한 이익은 자연환경 보호를 위해 기부한다고 한다.

## 디드로 효과(Diderot effect)

하나의 물건을 구입한 이후 그 물건과 어울리는 다른 제품들을 계속 구매하는 현상을 말한다. '디드로 통일성conformity'이라고도 하는데 하나의 상품으로 인해 그 상품과 연관된 제품을 연속적으로 구입하게 되는 것이다. 디드로 현상은 단순히 기능적 부분만이 아니라, 소비자가 상품과 상품 사이에 정서적으로 또는 심미적 동질성까지 느끼기 때문에 발생하는 것이다. 프랑스 사상가 드니 디드로Denis Diderot, 1713~1784가 친구에게 받은 선물인 가운으로 인하여 결국에는 서재의 전체를 바꾸게 되었다는 일화에서 유래하였다. 하나의 물건을 갖게 된 것을 계기로 그것과 어울리는 또 다른 물건을 계속해서 사게 되는 현상을 말한다. 눈에 보이는 제품일수록 이 효과는 강하게 나타난다.

## 캡스톤 텔링

'은퇴'한 항공기를 분해해 만든 대한항공의 네임태그로 4,000개 한정 수량으로 제작, 판매 시작 직후 주문량이 폭주하며 1시간 만에 모두 품절사태가 되었다.

개당 2,700마일리지(약 4만 원)에 판매한 대한항공의 한정판 네임태그. 마일리지로만 구매할 수 있는 굿즈. 서버가 마비될 정도로 큰 인기를 얻었다. 왜 '네임태그'가 항공덕후들의 마음을 사로잡았을까? 이는 우선 '낭만적인 스토리를 가진 업사이클링 굿즈'라는 점으로 10만 시간 동안 날았던 항공기의 조각을 소장한다는 것이 낭만적으로 어필되었고 더불어 환경친화적 '업사이클링 굿즈'라는 점이 이목을 끌었다. 업사이클링(Upcycling)이란 버려진 물건을 재활용하여 새롭게 가치를 더한 제품으로 재탄생시키는 것이다.

퇴역 항공기 스킨을 재활용해서 다시 제작했다는 점이 소장가치의 매력이 있다. 또한 '희소성' 때문이다. 각 네임태그마다 모두 다른 일련번호를 각인해서 희소성을 갖게 되었기 때문이다.

### 펭귄 효과(Penguin effect)

펭귄은 먹이를 위해 바닷물에 뛰어들어야 한다. 하지만 그들의 천적에 대한 두려움으로 뛰어들지 못하다가 한 마리가 물속으로 들어가면 다른 펭귄들도 뒤따라 들어간다. 펭귄 효과란 소비자가 어떠한 제품에 대해 확신을 갖지 못하는 상황에서 주위의 누군가가 구매하게 되면 그 구매대열에 합류하게 되는 현상을 말한다.

# 팀빌딩 실습과제

1. 디자인 싱킹을 위한 팀명을 만드시기 바랍니다.

팀명 :

팀명에 담긴 의미 :

2. 팀의 리더를 선정하시기 바랍니다. 팀의 리더를 선정한 기준은 무엇입니까?

리더명 :

리더 선정의 기준의 이유 :

3. 디자인 싱킹 주제를 정하고 자유로운 디자인 싱킹을 진행하시기 바랍니다.

4. 회의를 통해 팀의 모토(Motto)를 정하시기 바랍니다.

* 리더가 팀에 대한 정보와 디자인 싱킹에 대하여 발표하시기 바랍니다.

# 팀별 과제

## 1. 기업 상징 굿즈 제작 & 캐릭터 아이디어 제안

1. 팀 구성(리더 선정)

2. 아이디어 회의

3. 아이디어 확정

4. 역할 분담

5. 작품 제작

6. 피드백 & 수정

7. 결과물 프레젠테이션

Chapter 04

# 캡스톤 디자인 성공모델 사례

Chapter 04

# 캡스톤 디자인 성공모델 사례

## 사례 1. 여행을 색칠하다, 추억을 담다 - Color in Chang-dong

너 거기 가봤니? 여행의 형태와 장소, 방법이 다양해지고 테마에 맞춘 장소나 거리, 심지어 건물이나 특정한 취미에 따라 여행지를 선택하기도 한다. 무슨무슨 거리가 유행하면서 경리단길, 망리단길, 샤로수길, 가로수길 등 서울의 거리를 비롯해 부산의 감천동이나 전포동의 커피거리, 통영의 동피랑 벽화마을, 경주의 황리단길 등이 요즘 젊은 국내 여행객들에게 사랑받는 이른바 핫스폿Hot Spot이다. 여행과 색칠 그리고 지도가 준 아이디어로 핫한 여행지만큼이나 인기 있는 것 중 하나가 색칠하기이다. 색칠 공부가 어른화, 고급화로 컬러링에 관심을 갖는 일반인에게도 유용한 교재가 될 수 있도록 했다. COLOR IN CHANG-DONG은 마산 전체의 관광뿐만 아니라 마산 곳곳, 지역 주민조차 잠시 동안 잊고 있던 골목 곳곳의 가치를 높이고, 그곳의 골목과 건물, 장소를 직접 걸어보고 또 색칠하면서 체험할 수 있도록 지도를 만들었다. 현장을 체험하고 컬러링 북을 채울 수 있으며 관광명소를 하나의 코스로 활용할 수 있도록 여러 골목마다 개성을 살려 제작하였다.

출처 : 2017 LINC + 캡스톤 디자인 경진대회 우수작품집

### 사례 2. 종이컵, 마음을 활짝 열다-종이컵과 접시, 두 가지 용도로 사용 가능한 CUPUT

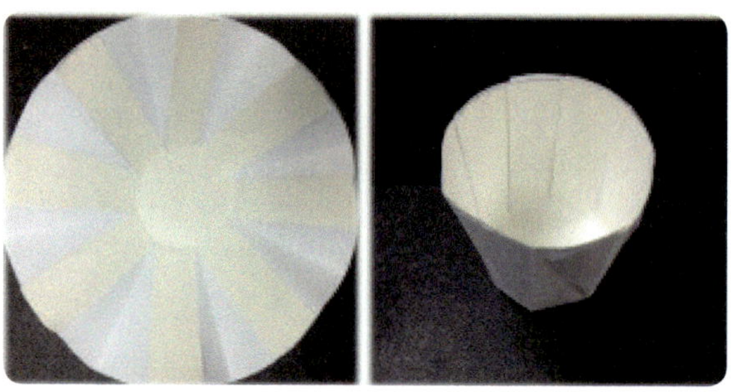

부챗살에서 힌트를 얻은 디자인

기본 형태는 종이컵으로 하고 접시가 필요할 때는 펼쳐서 사용이 가능하도록 한 것이다. 특히 이 제품은 제품의 형태 유지와 변형 과정에서 접착제를 사용하지 않고 오직 종이의 접힘과 압축만으로 종이컵 형태가 유지되는 것이 특징이다. 부챗살에서 힌트를 얻은 '디자인 112캡스톤 디자인의 힘, 상상을 현실로 바꾸다'는 종이의 코팅에도

신경을 써서 제품 수명을 연장시켰다. 기존 관련 제품은 종이컵의 안쪽에만 코팅할 경우 종이컵 표면에 물방울이 생겨 종이컵의 수명을 단축시키고, 접시로 변형했을 때 모양을 유지시키기 어려웠다. 이 과정에서 종이 소재와 코팅제는 모두 친환경 소재와 제품을 사용했다. 특히 종이는 분해가 쉬운 소재를 선택했고, 코팅제는 셀락코팅제를 사용하여 일회용품이지만 닦아 쓰면 두세 번 더 사용할 수 있어서 종이컵의 낭비를 최소화했다. 트랜스포머 종이컵은 네 가지 장점이 있다. 먼저 지속성이다. 코팅제에 신경을 써서 음료를 마실 때 반복 사용이 가능하도록 했고, 또 일반 종이컵이 자연에서 분해되는 데 20년이 걸리지만 친환경 소재 종이컵 접시는 150일 이내로 분해되는 친환경 제품이다. 종이컵 접시는 환경을 생각하는 이 시대에 꼭 맞는 필수품이다.

출처 : 2017 LINC+ 캡스톤 디자인 경진대회 우수작품집

### 사례 3. 힐링이 필요할 땐 힐링스톤 – 힐링스톤(Healing stone)

힐링스톤

사람들은 마음을 치유하거나 스트레스를 해소하고 싶어 한다. 애완용 돌은 미국에 '펫록Pet Rock'이 있었는데 놀랍게도 이 제품이 나온 건 1970년대이다. '펫스톤'이라는 제품은 돌을 반려동물처럼 키우는 것이다. 1인 가구가 늘어나면서 자신만의 공간에 의미를 부여하고 그 공간을 채우는 무언가로 의미를 찾는 사람들이 많아지고 있으며 취

미가 자연을 향하는 트렌드를 알 수 있다. 여행, 낚시, 등산, 트레킹, 캠핑 등과 더불어 또 하나의 발견은 소비자들이 예술작품 같은 소품을 원한다는 사실이다. 과거 우리 앞세대가 집안을 고가구나 도자기, 고미술품으로 장식했던 것처럼 지금의 소비자들은 모던한 포스터나 조각, 도자기 소품을 소유하고 전시하길 원했다. '힐링+자연+인테리어 소품'이라는 특성을 하나에 담을 수 있는 제품을 개발하기로 했고 그래서 탄생된 것이 바로 '힐링스톤'이다. 마음의 안식과 평화를 주는 돌이다. 원하는 모양의 틀을 만들어 그 안에 흙물을 부어 성형한 후 불에 가열하여 원하는 형태의 제품을 얻는 것이다.

출처 : 2017 LINC + 캡스톤 디자인 경진대회 우수작품집

Memo

# Chapter 05

# 고객과 테마서비스 캡스톤 디자인

Chapter 05

# 고객과 테마서비스 캡스톤 디자인

## 1. 가족 구성원 고객층

가족 구성원으로 이루어진 여행에서 계획을 세울 때는 여행지역, 여행기간, 경비, 교통수단, 숙소 등에 대한 준비사항들을 철저히 계획하게 된다. 또한, 여행장소에서 머물며 즐길 수 있는 것들과 먹거리 등이 예상경비를 초과하거나, 긴급상황 시 대처방법, 여행에서의 필수품 등 모든 준비사항들에 대해 적절하게 계획을 세워야 한다. 가족 구성원의 고객을 위한 여행상품들을 살펴보면 1+1항공권이나 항공과 숙박을 결합한 상품 등이 있다. 고객층과 여행 테마를 접목시켜 고객을 위해 매력적인 캡스톤 디자인을 설계한다.

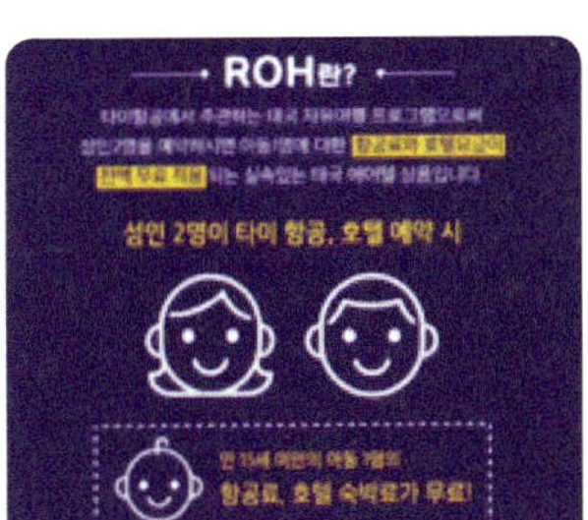

## 2. 동료 및 친구 구성원 고객층

Memo

# Chapter 06

# 특화서비스 디자인

1. 특화서비스란?
2. 특화서비스 사례
3. 호텔 특화서비스
4. 항공사 특화서비스
5. 동영상 제작

## 2. 기업 상징 캐릭터

### 진에어 캐릭터

**나라(Nara)**

의미 : 두근두근! 여행길! 여러 친구들과 국내 및 해외 여러 나라로 날아가요!

직업 : "너의 여행은 내가 책임진다!" 안전한 여행을 위한 여행 지킴이

성격 : 친절하고 배려심이 깊어 주변 사람들을 잘 살피고 친구들이 많음 매사에 꼼꼼하며 안전이 최고!

취미 : 문화 탐방, 사진 찍기, 각종 스포츠

**올라(Olla)**

의미 : 설레는 여행길! 하늘로 오르면 기분도 올라! 경험도 올라!

직업 : "그곳이 가고 싶다!" 즐거운 여행을 위한 여행 도우미

성격 : 매우 활달하고 긍정적인 성격으로 모험심이 강해 끊임없이 새로운 여행에 도전함

취미 : 봉사활동, SNS 활동, 맛집 탐방

### 티웨이 항공 캐릭터 - 부토(Booto), 부끄러운 토끼라는 국산 캐릭터

아시아나의 색동크루는 '세계여행을 꿈꾸는 모험가'를 콘셉트로 제작되었는데 그중 '색동이'는 아시아나 항공기를 형상화하였고 '두리'는 구름을, '지미손'은 여행가방의 형태이며, '둥식'은 색동이와 마찬가지로 항공기 모양으로 낭만적인 스토리를 담았다.

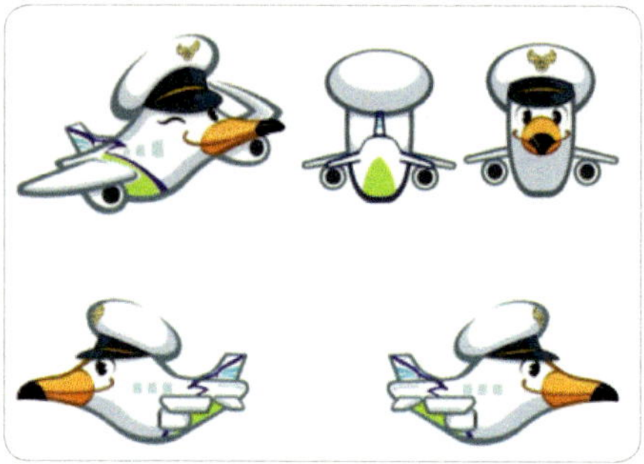

에어부산

세부퍼시픽

## 외국 항공사 캐릭터 & 이모티콘

KLM의 'Bluey(블루이)' 이모티콘

델타항공 이모티콘

루프트한자 35주년 기념 이모티콘

# 팀별 과제

## 캐릭터 & 이모티콘 캡스톤 디자인

1. 자신이 속해 있는 단체(학교, 동아리, 봉사활동 단체 외 본인이 활동하고 있는 곳 또는 기존의 기업들 중)나 본인이 취업하기 희망하는 곳은 기업분석을 통해 캐릭터와 이모티콘을 제작하시오.

1. 팀 구성

2. 아이디어 회의(단체 혹은 기업, 주제, 스토리 등)

3. 분석(단체, 기업 외)

4. 역할분담

5. 작품 제작

6. 결과물 제작과정 동영상 편집

7. 결과물 발표

Memo

# Chapter 13

# 고객 Gift 캡스톤 디자인

1. 특별 기념 Gift
2. 명절, 기념일 제공 Gift
3. 시즌별 Gift - 크리스마스 이벤트 서비스
4. 차별화 Gift - 항공사 어메니티 킷

Chapter 13

# 고객 Gift 캡스톤 디자인

## 1. 특별 기념 Gift

뜻밖의 선물을 누군가에게 받는다면 놀랍기도 하지만 즐거움은 커지고 고객의 만족감은 더욱 높아진다. 고객에게 방문감사의 뜻을 전하기 위해 또는 특별 기념선물을 준비하여 서비스의 만족도를 높이는 기업들이 있다. 무상으로 제공되기도 하지만 유상으로 판매되는 기념품도 있다. 아래의 3D프린팅 무드등은 송도 홀리데이 인 호텔이 추석을 맞이하여 달을 상징하는 선물을 고객에게 무료로 제공하였다.

에어아시아의 글자 로고와 비행기 그림이 있는 티셔츠는 포장된 모습이 매력적으로 느껴진다. 티셔츠의 비행기 그림을 살리면서 날개 부분은 옷걸이로 사용할 수 있도록 되어 있다.

## 2. 명절, 기념일 제공 Gift

명절에 따라 서비스의 메뉴가 달라지기도 한다. 대한항공의 경우 기내식 메뉴에 떡국을 추가했었고 이코노미 클래스 이용객은 기내식 메뉴로 떡찜을 선택할 수 있기도 했다. 아시아나항공의 경우에는 인천발 장거리노선 퍼스트, 비즈니스 클래스 이용객의 간식 메뉴로 떡국, 한과, 식혜를 제공했었고 이코노미 클래스 승객에게는 한과를 제공한 경우가 있었다. 제주항공은 매년 명절마다 기내에서 수정과 서비스를 하고 있다. 진에어는 객실승무원들이 한복을 입고 공항 이용객들에게 설 인사와 함께 명절 간식을 직접 나눠주는 행사를 진행하기도 하고 전통음료인 식혜를 제공했으며, 일부 항공편에서는 탑승객을 대상으로 기내 이벤트로 화과자 이벤트를 실시했다. 또한 기내 승무원이 낸 퀴즈를 맞힌 고객에게 윷놀이 세트, 제기, 고급 세뱃돈 봉투 등의 선물을

주기도 했다.

외국항공사의 경우 터키항공은 승객에게 '마스크팩'을 증정했는데 증정되었던 제품은 한국과 중국에서 각광받는 국내 마스크팩 전문기업의 것으로 에센스, 마스크팩, 아이크림이 함께 담긴 제품이었다. KLM 네덜란드 항공사는 창립 100주년을 맞아 100주년 당일 항공기에 탑승하는 모든 고객들에게 백설기떡과 100주년 로고 볼펜을 선물하고 포토존에서 촬영하는 고객에게는 즉석사진 인화 서비스를 제공했다고 한다.

## 3. 시즌별 Gift-크리스마스 이벤트 서비스

기업들은 크리스마스 시즌에 맞춰 고객을 위한 이벤트나 선물 혹은 특별서비스를 기획하는데 캐나다의 항공사 웨스트젯의 '리얼타임 기빙real-time giving' 이벤트는 깜짝 선물 중 최고라고 할 수 있다. 웨스트젯의 이벤트는 마음을 훈훈하게 만든다. 화제를 모은 리얼타임 기빙 이벤트는 말 그대로 실시간으로 선물을 주는 행사였다. 웨스트젯은 연말에 공항에 이벤트 존을 만들어 탑승객 250명에게 어떤 선물을 받고 싶은지 사전 조사를 했다. 웨스트젯은 고객들이 원하는 선물을 모두 준비했고 고객들이 도착하기 전 원하던 선물을, 짐을 찾기 위해 모이는 수화물 컨베이어벨트에서 제공했다. 커다란 TV를 가지고 싶다고 말한 고객은 LG의 벽걸이TV를 받았다. 항공사 '웨스트젯Westjet'은 1996년에 설립된 캐나다의 저비용항공사이다. 캐나다뿐 아니라 멕시코, 카리브해 지역에 노선을 가지고 있고 에어 캐나다에 이어 두 번째 규모의 항공사라고 한다.

제주항공의 경우에도 크리스마스 선물 이벤트를 대대적으로 한 적이 있다. '제주항공 크리스마스 산타클로스가 되다'라는 이벤트였는데 크리스마스 이브에 제주항공으로 한국에 들어오는 고객들에게 서프라이즈 행사를 했다. 수하물을 찾는 컨베이어벨트에서 줄줄이 나오는 박스들은 아무런 기대 없이 짐을 기다리는 고객들을 행복하게 만들었다.

## 4. 차별화 Gift-항공사 어메니티 킷(Amenity kit)

항공사 이용 시 퍼스트 클래스나 비즈니스 클래스 등 프리미엄급에 탑승한 승객을 위해 제공되는 편의용품 서비스로, 기내 혹은 여행 중에 사용하는 품목으로 구성된다. 항공사마다 브랜드와 구성품이 다를 수 있고 남녀 구분되어 있는데 보통 남자용의 경우 접이식 머리빗, 칫솔, 치약,티슈, 쉐이빙폼, 면도기, 데오도란트, 바디로션, 애프터 쉐이브, 향수 등으로 구성되어 있다. 여성의 경우에는 접이식 머리빗, 칫솔, 치약,티슈, 거울, 페이스 에멀전, 바디로션, 향수, 물티슈 등으로 구성되어 있다. 또한 볼펜, 수면안대, 귀마개, 양말이나 구강세척제, 립밤, 모이스춰라이저, 화장품 리무버 등으로 구성되기도 한다. 싱가포르 항공의 경우 이코노미 고객에게도 칫솔이나 치약, 양말 등의 기본적인 구성품이 무료 제공된다.

# 팀별 과제

## 기념품 아이디어 캡스톤 디자인

### 1. 한국 전통 관광 기념품 캡스톤 디자인

1. 팀 구성

2. 작품 회의(타깃, 주제 등)

3. 사전정보 조사

4. 역할분담

5. 작품 제작

6. 결과물 제작과정 동영상 편집

7. 결과물 발표

# Chapter 14

# 식음료서비스 디자인

Chapter 14

# 식음료서비스 디자인

## 1. 항공사 기내식

### 기내식(airline meal, airline food, in-flight meal)의 스토리와 역사

기내에서 승객에게 제공되는 기내식은 항공사의 서비스로서 무료 또는 유료로 제공되는데 단거리 노선에서의 간단한 음료에서부터 장거리 노선의 일등석에서 제공되는 코스 요리나 비즈니스석이나 이코노미석을 위한 기내식 메뉴의 종류는 다양하다. 따라서 새로운 기내식을 경험하기 위해 항공사를 선택하는 경우도 있다. 국제선의 비행시간에 따라 6시간 이내일 때 1회, 6~12시간일 때 2회, 12시간을 초과하면 3회, 그리고 중간에 간단한 스낵도 제공된다. 기내식의 시작은 1919년 10월 11일로 핸들리 페이지 수송(Handley Page Transport-항공기 제작사)의 '런던-파리 노선에서 판매한 샌드위치가 최초라고 알려져 있다. 당시에는 여객기에 갤리Galley가 없어 바구니에 담아 판매하는 방식이었다고 한다. 지상보다 기압이 20% 정도 낮고 건조한 기내의 환경에서 음식을 섭취하면 가스가 차기 쉬우므로 비교적 소화흡수가 잘 되는 기내식 메뉴로 구성한다. 식기의 재질로 이코노미 클래스는 플라스틱, 비즈니스 클래스 이상은 도기를 사용하는 경우도 있다. 하이잭hijack 방지를 위해 나이프와 포크는 플라스틱제로 바뀌었다. 최근 환경을 보호하고 무게를 줄이기 위해 경량화 식기 개발이 이루어지고 있다. 기내식을 미리 주문할 수도 있는데 물론 저비용항공사LCC에서 유료로 활발하게 서비스하고 있다. 미리 주문받은 기내식을 제공하면 음식의 맛과 퀄리티를 높여서 서비스할 수 있고 사전에 주문받은 승객의 기내식만 준비하면 되기 때문에 비용도 절감할 수 있다.

## 2. 특별 기내식 코드

건강상의 이유나 알러지, 기저질환 등으로 섭취가 불가능한 음식이나 종교상의 이유로 섭취 시 주의해야 하는 승객들을 위한 항공사들의 서비스는 중요한 부분이다.

| IATA 특별 기내식 코드 | 종류 |
|---|---|
| AVML<br>RVML<br>VLML<br>VGML | Asian Vegetarian Meal<br>Vegetarian Raw Meal<br>Vegetarian Lacto-ovo Meal<br>Vegetarian Vegan Meal |
| BBML | Baby Meal |
| BLML | Bland Meal |
| CHML | Children Meal |
| DBML | Diabetic Meal<br>(Sugar free, Hyperglycemic, Hypoglycemic,<br>Carbohydrate restricted/ Low carbohydrate, No sugar added) |
| FPML | Fruit Platter Meal |
| GFML | Gluten Intolerant Meal |
| HFML | High Fibre Meal |
| HNML | Hindu Meal |
| IFML | Infant Meal |
| KSML | Kosher Meal |

| | |
|---|---|
| LCML | Low Calorie Meal |
| LFML | Low Cholesterol, Low fat Meal |
| LPML | Low Protein Meal |
| LSML | Low Salt Meal |
| MOML | Moslem Meal |
| NLML | Non Lactose Meal |
| ORML | Oriental Meal |
| PRML | Low Purin Meal |
| SFML | Seafood Meal |
| VJML | Vegetarian Jain Meal |
| VOML | Vegetarian Oriental Meal |

출처 : IATA Association Code

## 3. 특별 기내식이란?

**채식**

경우에 따라서는 알(달걀, 마요네즈 등), 유제품(우유, 요구르트, 버터, 치즈 등) 및 심지어 뿌리채소(감자, 당근 등)까지 제외시킬 수 있음

**해산물식**

고기 대신 해산물이 들어간 식사

**연식**

위장에 문제가 있거나 수술받은 승객을 위해 음식을 모두 갈아 연하게 만든 형태. 디저트 빵으로는 카스텔라 등의 부드러운 음식

**당뇨식**

당분함량을 억제한 음식

**저염식**

나트륨 함량을 최대한 낮춰서 조리한, 주로 고혈압 환자들을 위한 음식

**저칼로리식**

칼로리에 민감한 이들을 위해 칼로리를 낮춘 음식

### 코셔푸드

유대교 율법에 따라 조리된 식사. 다른 기내식과 달리 코셔 인증 업체에서 엄격한 유대교 율법에 따라 완전 조리한 상태로 밀봉되어 공급되고 서비스도 밀봉된 채로 나가 승객이 직접 개봉하도록 되어 있음. 항공사에서는 밀봉된 상태 그대로 데워서 제공

### 할랄푸드

코란에서 식용을 금하는 재료(돼지고기, 알코올 등)를 넣지 않고 조리한 식사

### 힌두교식

닭고기를 쓰는 경우도 있으나, 일반적으론 고기가 들어가지 않음. 카레, 감자, 콜리플라워 위주

### 글루텐제한식

식재료 내의 글루텐 함유량을 엄격히 제한한 식사. 주로 밀가루 음식이 잘 맞지 않는 체질인 사람들을 위한 메뉴

### 어린이 기내식

햄버거, 짜장밥 등의 아이들이 좋아할 만한 것들이며, 12세 미만의 어린이들만 주문 가능

### 유아식

만 2세 미만 유아를 위한 기내식. 묽은 죽 등의 유동식과 우유 또는 주스 등이 제공됨

**과일식**

보통의 기내식 메뉴 대신 과일로만 구성된 식사. 밥 대신 과일이 나옴. 보통 기내식에 비해 식사시간이 짧고 소화가 수월하다는 게 장점

**알러지식**

알러지를 일으키는 식재료를 제외하고 만든 기내식. 사전에 해당 알러지 사실을 통보하고 주문을 넣어야 함. 특히 땅콩 알레르기의 경우 생명을 직접적으로 위협할 수 있기 때문에, 항공사에서도 상당히 신경 쓰고 있음

## 1) 대한항공 기내식의 종류

### ① 특별식

**유아식(Baby Meal)**

24개월 미만의 유아에게는 이유식과 유아용 주스를 제공

**유아용 아동식(Infant Child Meal)**

아동식 식사가 가능한 24개월 미만의 영유아에게 제공하며 메뉴는 아동식(Child Meal)과 같음

**아동식(Child Meal)**

만 24개월 이상~12세 미만 아동에게 제공
한국 출발편에서는 불고기 볶음, 치즈 스파게티, BBQ 치킨과 크로켓 중에서 선택할 수 있고, 해외 출발편에서는 스파게티, 피자, 핫도그 중에서 선택가능

출처 : www.koreanair.com

### ② 채소식

채소식(채식하는 고객을 위해 다양한 맞춤식 채식을 조리하여 제공)

**서양채식(Vegetarian Lacto-ovo Meal)**

생선류, 가금류를 포함한 모든 육류와 동물성 지방, 젤라틴을 사용하지 않고, 달걀 및 유제품은 포함한 서양식 채식을 제공

**엄격한 서양채식(Vegetarian Vegan Meal)**

생선류, 가금류를 포함한 모든 육류와 동물성 지방, 젤라틴뿐만 아니라 달걀 및 유제품을 사용하지 않는 엄격한 서양식 채식을 제공

**인도 채식(Vegetarian Hindu Meal)**

생선류, 가금류를 포함한 모든 육류와 달걀을 사용하지 않고, 유제품은 포함하는 인도식 채식을 제공

**엄격한 인도 채식(Vegetarian Jain Meal)**

생선류, 가금류를 포함한 모든 육류와 달걀, 유제품을 포함하는 모든 동물성 식품, 양파, 마늘, 생강 등의 뿌리식품을 사용하지 않는 엄격한 인도식 채식을 제공

**동양 채식(Vegetarian Oriental Meal)**

생선류, 가금류를 포함한 모든 육류와 달걀, 유제품을 사용하지 않고 양파, 마늘, 생강 등의 뿌리식품을 포함한 동양식 채식을 제공

**생채소식(Raw Vegetarian Meal)**

카페인 함유 음료, 보존료/첨가물, 가공식품을 포함하지 않고 순수 생채소, 생과일이 포함된 채식을 제공

### ③ 식사 조절식

**저지방식(Low Fat Meal)**

콜레스트롤 함량이 높은 고지방 육류, 농축된 육수, 달걀 노른자, 갑각류 등을 사용하지 않고, 저지방 육류, 저지방 생선 등을 재료로 한 식사를 제공

**당뇨식(Diabetic Meal)**

열량, 단백질, 지방, 당질의 섭취량을 조절하기 위한 목적으로 식사량의 배분, 포화지방산의 섭취 제한 등을 고려한 식사를 제공

**저열량식(Low Calorie Meal)**

체중 조절을 목적으로 열량을 제한한 식사를 제공

### 저자극식(Bland Meal)

소화기능이 저하된 고객을 위한 식사
강한 향신료, 가스를 유발할 수 있는 채소 및 기름기가 많은 음식을 제한하며, 저지방 육류 및 흰 살생선 등을 재료로 한 식사를 제공

### 글루텐제한식(Gluten Intolerant Meal)

음식 재료 안의 글루텐 함유량을 엄격히 제한한 식사를 제공

* 글루텐(gluten)이란?
보리나 밀 등의 곡류에 존재하는 것으로 글루텐의 함량으로 밀가루의 종류가 결정되기도 한다. 밀가루를 가공하거나 조리하는 데 기본이 되는 성분이다.

### 저염식(Low Salt Meal)

염분성분이 제한된 식사를 원하는 고객에게 제공

### 유당제한식(Low Lactose Meal)

유당을 함유한 모든 형태의 유제품(우유, 크림, 분유)을 엄격히 제한한 식사를 제공

## ④ 종교식

### 이슬람교식(Muslim Meal)

이슬람교 율법에 따라 준비하였으며, 돼지고기와 알코올을 사용하지 않음

**힌두교식(Hindu Meal)**

힌두교도를 위한 특별식으로 소고기와 송아지고기를 사용하지 않음

**유대교식(Kosher Meal)**

유대교 율법에 따라 조리된 음식으로 완제품을 구매해 제공

* 유대교의 음식

'코셔(Kosher)'는 유대교의 율법에 따라 식재료부터 조리에 이르기까지 엄격한 기준과 절차에 따른 음식을 말한다. 유대교에는 식품과 식품판매, 조리, 먹는 방법에 대한 내용이 있는데 돼지고기와 조개류를 코셔 식당에서는 팔지 않고 육류, 유제품을 함께 먹거나 같은 그릇에 담아서는 안 된다. 이슬람교의 음식 규율인 할랄(Halal)과 비슷한 개념이다.

**해산물식(Seafood Meal)**

생선 및 해산물을 주재료로 하며 곡류, 채소류 및 과일류와 함께 제공

**과일식(Fruit Platter Meal)**

정규 기내식 대신 신선한 과일로만 구성된 식사를 제공

**알레르기 제한식(Allergen-Free Meal)**

특정 식재료에 대한 알레르기 반응이 있는 고객에게 해당 식재료를 제외한 식사를 제공(땅콩 알레르기 관련 사항은 별도 안내)

출처 : www.koreanair.com

## 대한항공 좌석등급별 기내식 메뉴

**일등석 메뉴**

**명품 한식 서비스**

비빔밥, 닭백숙, 해물된장국, 황태해장국, 사골곰탕, 쇠고기 해장국 등 전통 메뉴와 한식의 다양한 풍미를 느낄 수 있는 한식 정찬을 제공. 전채와 주요리, 후식까지 코스별 만찬이 준비된 한식 정찬

**프레스티지석(비즈니스석)**

**명품 한식 서비스**

비빔밥, 게장덮밥, 갈비찜, 불고기덮밥, 낙지덮밥, 해물찜 등 대한항공에서만 맛볼 수 있는 다양하고 고급스러운 한식 메뉴

**일반석**

비빔밥, 비빔국수, 곤드레밥, 된장덮밥, 낙지덮밥 등 다양한 한식을 기본으로 제공하고 있으며, 여행 목적지를 감안해 양식, 중식, 일식 등도 함께 서비스

**다양한 스낵 서비스**

장거리를 여행하는 승객을 위해 삼각김밥, 컵라면, 피자, 막걸리쌀빵을 비롯한 다양한 스낵류를 제공

## 2) 아시아나항공 기내식의 종류

### ① 유아식 & 어린이식

**유아식(Baby Meal)**

2세 미만 영유아를 위한 서비스로, 유아식 제공

**유아식 2(Toddler Meal)**

서울 출발편에 한해, 2세 미만 영유아에게 영양가 있는 진밥 메뉴 제공. 단, 일부 단거리 구간의 경우 간단한 영유아용 간식 제공

**유아용 어린이식(Child Meal for Infant)**

어린이식 취식이 가능한 2세 미만 영유아를 위한 식사로 준비된 어린이식 기본 메뉴가 제공됨 일부 단거리 구간의 경우 간단한 영유아용 간식이 제공됨

**어린이식(Child Meal)**

12세 이하의 어린이 손님을 위한 서비스로, 서울 출발편에서는 총 4가지 메뉴(떡갈비와 맛밥, 치킨너겟과 새우볶음밥, 오므라이스와 소시지, 미트볼과 파스타) 중 한 가지를 선택할 수 있고, 일부 단거리 구간은 샌드위치 1종만 제공. 부산발 및 해외 출발편에서는 준비된 어린이식 기본 메뉴가 제공됨

### ② 채식 과일식

**순수 채식(Vegan Vegetarian Meal)**

육류뿐 아니라 유제품, 달걀, 꿀 등을 사용하지 않은 엄격한 채소요리

**유제품을 곁들인 채식(Vegetarian Lacto-ovo Meal)**

육류, 생선류 등은 사용하지 않으며 달걀, 유제품은 허용되어 조리

**동양식 채식(Vegetarian Oriental Meal)**

중국 스타일로 준비한 채소요리로 육류, 가금류, 달걀, 뿌리 또는 구근 채소 및 유제품을 사용하지 않은 요리

**과일식(Fruit Platter Meal)**

첨가제나 방부제가 없는 음식을 원하시는 분을 위한 식사

**생채소식(Raw Vegetarian Meal)**

채소식 중에서도 조리하지 않은 생채소와 생과일을 서비스하는 메뉴

### ③ 식이요법식

**연식(Bland Meal)**

소화기 질환이 있거나 위 계통의 수술 후 드실 수 있는 소화하기 쉬운 가벼운 식사. 저지방 음식(지방 적은 고기, 닭고기)과 위에 부담이 적은 섬유질 및 부드러운 양념을 사용

**당뇨식(Diabetic Meal)**

당뇨병이 있거나 포도당 알러지 승객을 위한 식사. 완전 소맥분의 빵, 곡물, 신선한 과일, 채소를 사용하여 조리하며, 설탕과 꿀을 포함한 음식은 사용하지 않음

**저지방/콜레스테롤식(Low Fat Meal)**

심장병이나 지방간 등의 질환이 있는 승객을 위한 식사. 신선한 채소, 과일, 시리얼 등 고섬유질 제품을 사용하고 찌거나 삶는 조리법을 이용

**저열량식(Low Calorie Meal)**

비만, 체중과다인 승객을 위한 식사. 저지방고기, 유제품을 사용하며 신선한 과일, 채소, 시리얼 등 고섬유질 음식을 사용

**저염식(Low Sodium Meal)**

고혈압, 간질환, 신장병이 있는 승객을 위한 식사. 소금, 고기육수, 가공수프, 케첩 등의 향신료를 피하고 신선한 과일, 채소, 저염 음식재료를 사용하여 조리

**유당 제한식(No Lactose Meal)**

유당 알레르기가 있는 승객을 위한 식사. 두유, 코코넛우유를 사용하고 신선한 과일, 채소, 고기, 가금류를 이용하여 조리

**글루텐제한식(Gluten-Intolerant Meal)**

글루텐에 대한 장 질환이 있거나 밀(소맥분)에 대한 알러지가 있는 승객을 위한 식사. 밀이 아닌 감자, 쌀, 콩 등에서 만들어진 전분을 사용하며 채소, 과일, 달걀, 고기, 생선 등을 사용하여 조리

### ④ 종교식

**회교도식(Moslem Meal)**

회교율법에 따라 준비되는 음식으로 돼지고기 및 알코올류를 사용하지 않음

**힌두식(Hindu Meal)**

쇠고기와 돼지고기를 사용하지 않은 힌두교의 관례. 힌두의 식사법, 믿음에 따라 준비된 요리

**유대교식(Kosher Meal)**

유대교 율법에 따라 고유의 전통의식을 치른 후 만들어진 음식으로 완제품으로 서비스

**자이나교도식 채식(Vegetarian Jain Meal)**

인도 스타일의 자이나교 관례에 따라 과일과 채소, 두부 등을 사용해 준비한 요리

**아시아/힌두식 채식(Asian/Hindu Vegetarian Meal)**

유제품을 제한적으로 사용해서 조미한 채식주의자 요리

## 3) 카타르 항공 기내식의 종류

### ① 어린이 기내식

**유아식(BBML)**

만 2세 이하의 유아를 위해 사전에 포장된 이유식. 채식 외의 재료도 포함

**어린이 기내식(CHML)**

어린이 여행객을 위한 비채식 기내식

**사용재료** : 팬케이크, 파스타, 치킨너겟 / 생선가스, 감자튀김, 사탕, 과일

출처 : www.qatarairways.com

### ② 채식

**아시아채식(AVML)**

- 인도 아대륙의 향신료를 가미한 채식
- **사용재료** : 채소, 과일, 유제품, 인도 아대륙과 관련한 향신료 및 향. 약간 매운맛이 날 수 있음
- **사용하지 않는 재료** : 육류, 가금류, 생선, 해산물, 달걀

* **아대륙** : 인도 아대륙(Indian subcontinent) 또는 인도반도. 현재 남아시아에서 인도, 파키스탄, 방글라데시, 네팔, 부탄 등의 나라가 위치한 지역으로서, 지리적으로 북동쪽은 히말라야산맥, 서쪽은 아라비아해, 동쪽은 벵골만으로 둘러싸여 있다.

### 생채식(RVML)

- 신선한 과일을 다양하게 곁들인 생채소만을 원하는 승객을 위한 기내식
- **사용재료** : 생채소와 신선한 과일
- **사용하지 않는 재료** : 육류, 가금류, 생선, 해산물, 달걀, 카페인 음료, 가공식품, 첨가물, 방부제

### 과일식(FPML)

- 신선한 제철 과일만 포함된 기내식
- **사용재료** : 채소, 육류, 가금류, 생선, 해산물, 달걀, 카페인 음료, 가공식품, 첨가물, 방부제

### 순수채식(VGML)

- 벌꿀, 달걀, 유제품 등의 동물성분 식재료가 전혀 들어 있지 않은 순수채식
- **사용재료** : 채소, 곡류, 과일
- **사용하지 않는 재료** : 육류, 가금류, 생선, 치즈, 벌꿀, 달걀, 우유, 유제품

### 엄격한 서양채식(VLML)

- 달걀과 유제품을 포함하는 채식 위주의 기내식
- **사용재료** : 채소, 과일, 치즈, 달걀, 유제품, 콩제품
- **사용하지 않는 재료** : 육류, 가금류, 생선, 해산물

### 동양 채식(VOML)

- 동양식의 채식 위주 기내식
- **사용재료** : 채소, 곡류, 과일
- **사용하지 않는 재료** : 육류, 가금류, 생선, 해산물, 달걀, 우유 및 유제품

### ③ 종교식

**비채식 힌두교식(HNML)**

힌두 종교의 요건에 따라 조리된 비채식으로서, 양고기, 닭고기, 생선, 달걀, 우유, 유제품이 포함. 이 기내식은 약간 매운맛이 날 수 있으며, 소고기, 송아지고기, 소고기 소스, 소고기 엑기스는 사용하지 않음

**엄격한 인도채식(VJML)**

자이나교 율법에 따라 조리된 인도 채식. 땅 위에서 자라는 채소와 과일을 사용해 조리하며, 육류, 가금류, 생선, 해산물, 달걀, 유제품 및 양파, 마늘, 감자, 생강 등과 같은 알뿌리 채소는 사용하지 않음

**당뇨식(DBML)**

- 최소한의 당분과 단백질, 지방, 섬유질, 복합 탄수화물이 균형을 이룬 당뇨식. 살코기, 삶은 감자, 저지방우유, 순수한 요구르트, 채소, 신선한 과일, 오곡밥, 빵, 파스타, 시리얼, 찜 또는 데친 음식 등을 조리한 음식이 포함될 수 있음
- **사용하지 않는 재료** : 튀기거나 기름진 음식, 설탕, 시럽, 잼, 사탕

**글루텐제한식(GFML)**

- 글루텐을 제한하여 식사하는 승객을 위한 기내식
- **사용재료** : 살코기, 생선, 쌀, 유제품, 신선한 채소, 과일
- **사용하지 않는 재료** : 밀, 밀가루, 보리, 귀리, 호밀로 만든 소스, 수프, 빵, 크래커, 케이크, 파스타, 사탕, 소시지, 녹말, 그레이비

### 연식(BLML)

- 지방 함량이 적고 체하는 것을 방지하는 데 도움이 되는 부드럽고 소화가 잘되는 기내식
- **사용재료** : 삶은 고기 등의 저지방 식재료, 부드러운 채소, 으깬 감자, 우유, 유제품, 찌거나 데쳐 조리한 음식
- **사용하지 않는 재료** : 튀기거나 기름진 음식, 견과류, 마늘, 양파, 향이 강한 향신료, 피클, 겨자

### 저염식(LSML)

- 조리과정에서 소금을 첨가하지 않은 저염식 식사를 원하는 승객을 위한 기내식
- **사용재료** : 소금 함량이 낮은 신선 또는 냉동식품 일체. 허브 및 향신료로 맛을 낼 수 있음
- **사용하지 않는 재료** : 설탕, MSG, 베이킹소다, 조개류, 염장한 육류 또는 생선, 그레이비, 통조림 가공된 채소와 과일, 피클, 염분 함량이 높은 치즈

## ④ 의료식/건강관리식

### 유당 제한식(NLML)

- 유당 소화장애로 인해 유제품을 섭취할 수 없는 승객을 위한 기내식
- **사용재료** : 육류, 생선, 파스타, 쌀, 감자, 채소, 과일
- **사용하지 않는 재료** : 우유, 요구르트, 치즈, 크루아상, 소프트롤, 아이스크림, 셔벗, 푸딩, 기타 유제품 일체

**저칼로리식(LCML)**

- 열량을 제한하여 식사하는 승객을 위한 기내식
- **사용재료** : 살코기, 저지방 유제품, 복합 탄수화물, 찌거나 데쳐서 조리한 음식
- **사용하지 않는 재료** : 튀기거나 기름진 음식, 설탕, 탈지하지 않은 유제품, 지방함량이 높은 육류, 사탕, 마요네즈 등의 소스, 샐러드 드레싱

**저콜레스테롤/저지방식(LFML)**

- 포화지방을 일정량으로 제한한 저지방식을 원하는 승객을 위한 기내식
- **사용재료** : 살코기, 가금류, 생선, 저지방 유제품, 달걀 흰자, 통밀빵, 신선한 과일, 찌거나 데쳐서 조리한 음식
- **사용하지 않는 재료** : 튀기거나 기름진 음식, 동물성 지방, 달걀 노른자, 탈지하지 않은 유제품, 조개류, 지방함량이 높은 육류 및 견과류

## 4) 에어프랑스 – 취향에 맞게 선택하는 알라카르트 메뉴(유료)

'알라카르트' 메뉴는 2012년 Top Chef 프로그램에서 우승을 차지. 프랑스인들이 좋아하는 셰프 중의 한 명인 장 앵베르(Jean Imbert)가 에어프랑스를 위해 만든 "Le Marché de Jean Imbert" 메뉴. 프랑스 최고의 고품격 베이커리 르노트르의 셰프들이 추천하는 "LENÔTRE(르노트르)". 이것은 프랑스에서만 맛볼 수 있는 최고의 재료들과 전통 조리법으로 요리한 메뉴들

프랑스의 최고급 식료품점 포숑이 에어프랑스 승객을 위해 만든 요리. 탁월한 품질의 제철 재료와 균형 잡힌 맛을 선사하는 미식 여행. 포숑 메뉴는 파리발 항공편에서 제공
메뉴 가격 : 28유로

**HEALTHY 메뉴를 기내에서 즐기실 수 있음**

다양한 색상의 신선하고 섬세하며 자연스럽게 균형 잡힌 요리인 Healthy 메뉴는 파리발 항공편에서 제공

메뉴 가격 : 21유로

**"MY FUN MENU" 메뉴**

지루할 수도 있는 비행여행의 재미를 위해 젊은 미식가의 입맛을 사로잡을 새로운 메뉴

아무리 까다로운 사람이라도 입맛을 다실 수밖에 없는 맛있는 레시피와 높은 품질의 식재료로 만든 마이 펀 메뉴는 파리발 항공편에서 제공

메뉴 가격 : 13유로

**전통메뉴(TRADITION) : 프랑스 미식을 찾아 떠나는 여행**

프랑스 전통메뉴로 프랑스식 생활양식과 프랑스에서만 맛볼 수 있는 최고의 재료와 전통 조리법으로 만든 맛있는 요리. 프랑스 전통메뉴

메뉴 가격 : 18유로

**신선한 해산물(OCÉAN) 메뉴**

한 작은 어촌 항구에서 영감을 얻은 맛이 담긴 메뉴. 해산물 메뉴를 선택하면 바다와 대지의 맛이 절묘하게 어우러진 맛있는 해산물 요리를 맛보실 수 있음. 이국풍의 신선한 요리가 주는 독특한 맛을 경험

메뉴 가격 : 15유로

**이탈리아식 메뉴(Dolce Vita)**

비행 중 기내에서 맛볼 수 있는 지중해의 풍부한 향과 맛이 조화를 이룬 이탈리아식 메뉴. 이탈리아 각 지역 최고의 조리법에서 영감을 얻은 특유의 심플한 요리를 맛보실 수 있음. '돌체 비타'의 감미로운 향을 즐김. 이탈리아 요리는 프랑스, 미국, 캐나다, 아프리카, 중국, 대한민국 및 일본발 항공편에서 제공

메뉴 가격 : 12유로

## 5) LCC항공사 - 지상에서 즐길 수 있는 기내식 메뉴

[지니키친-더 리얼] 크림파스타 기내식 세트

**10,000**원

이탈리아 갈뻔! 새우 만난 크림파스타

[지니키친-더 리얼] 캐슈넛 치킨 기내식 세트

**10,000**원

홍콩 갈 때 한번쯤! 캐슈넛 치킨(feat. 취나물밥)

[지니키친-더 리얼] 비프 굴라쉬 기내식 세트

**10,000**원

유럽여행처럼! 헝가리식 비프 스튜

출처 : www. jinistore.jinair.com

## LCC항공사 – 유료 기내식

**단짠단짠 불고기 덮밥**
**(Bulgogi with Rice)**

각종 채소와 소불고기가 콜라보레이션~!

- 가격 : KRW 15,000 / USD 15 / JPY 1,500 / CNY 105 / HKD 120 / MOP 120 / TWD 450 / MYR 60
- 서비스 제외 노선 : 부산↔후쿠오카, 괌→부산, 대구발 전 노선

**바다퐁당 해산물덮밥**
**(Rice with Seafood)**

중국식 유산슬을 기내에서 즐겨보세요

- 가격 : KRW 15,000 / USD 15 / JPY 1,500 / CNY 105 / HKD 120 / MOP 120 / TWD 450 / MYR 60
- 서비스 제외 노선 : 부산↔후쿠오카, 괌→부산, 대구발 전 노선

**고래사어묵 볶음어묵면**
**(Stir-fried Fish Cake Noodle)**

부산 하면 어묵! 어묵 하면 고래사어묵!
에어부산이 고래사어묵과 만나다.

- 가격 : KRW 12,000 / USD 12 / JPY 1,200 / CNY 84 / HKD 96 / MOP 96 / TWD 360 / MYR 48
- 서비스 제외 노선 : 부산↔후쿠오카, 괌→부산, 대구발 전 노선

**고래사어묵 크림파스타**
**(Fisg Cake Cream Pasta)**

부산 하면 어묵! 어묵 하면 고래사어묵!
에어부산이 고래사어묵과 만나다.

- 가격 : KRW 12,000 / USD 12 / JPY 1,200 / CNY 84 / HKD 96 / MOP 96 / TWD 360 / MYR 48
- 서비스 제외 노선 : 부산↔후쿠오카, 괌→부산, 대구발 전 노선

**깔끔단백 두부채소볶음**
**(Stir-fried tofu & vegetables)**

흰쌀밥, 튀긴 두부, 브로콜리, 홍피망, 노랑 피망, 오리엔탈 소스가 제공되는 채식 기내식

- 가격 : KRW 15,000 / USD 15 / JPY 1,500 / CNY 105 / HKD 120 / MOP 120 / TWD 450 / MYR 60
- 서비스 제외 노선 : 부산↔후쿠오카, 괌→부산

**치맥진리 치킨 & 맥스 SET**
**(Fried Chicken & Beer)**

드디어 나왔다 ! 에어부산 치킨세트!
사전 구매 시, 맥스 1캔 무료

- 가격 : KRW 15,000 / USD 15 / JPY 1,500 / CNY 105 / HKD 120 / MOP 120 / TWD 450 / MYR 60
- 서비스 제외 노선 : 부산↔후쿠오카, 괌→부산, 대구발 전 노선

**누구나 미트볼오므라이스**
**(Omelet rice with meatball)**

미트볼(토마토소스), 오므라이스, 브라우니, 케첩이 제공되는 키즈밀

- 가격 : KRW 8,000 / USD 8 / JPY 800 / CNY 56 / HKD / 64 / MOP 64 / TWD 240 / MYR 32
- 서비스 제외 노선 : 부산↔후쿠오카, 괌→부산, 대구발 전 노선

**오동통 치킨너겟오므라이스**
**(Omelet rice with Chicken Nugget)**

미트볼(토마토소스), 오므라이스, 브라우니, 케첩이 제공되는 키즈밀

- 가격 : KRW 8,000 / USD 8 / JPY 800 / CNY 56 / HKD / 64 / MOP 64 / TWD 240 / MYR 32
- 서비스 제외 노선 : 부산↔후쿠오카, 괌→부산, 대구발 전 노선

출처 : www.airbusan.com

## 기내음료

기내음료는 항공사에 따라 구성이 달라질 수 있고, 비행거리에 따라 제공되는 음료수의 종류에도 차이가 있다.

**생수**

모든 항공사들이 무료로 제공하는 기본음료로 일부 항공사는 탄산수를 제공하기도 한다.

**주스류**

**주스류(오렌지 주스, 포도 주스, 사과 주스 등)** : 항공사나 노선에 따라서는 크랜베리 주스, 구아바 주스(대한항공, 델타 항공), 감귤 주스 같은 특별한 주스도 제공. 미국항공사들은 미국식 토마토 주스도 갖고 있는데, 설탕 대신 소금을 쓰기 때문에 달지 않고 짜다.

**탄산음료**

**탄산음료(콜라, 사이다)** : 다이어트 코크 같은 저칼로리 음료수도 제공하는 경우가 있으며, 닥터 페퍼나 진저비어의 주문도 가능

**다류 외**

다류(커피, 녹차, 홍차), 우유, 두유

**와인**

**포도주(적포도주, 백포도주)** : 상위 클래스는 샴페인이나 포트 와인, 셰리 와인도 제공. 그냥 적포도주, 백포도주도 이코노미와 상위 클래스는 빈티지 차이가 있음. 상위 클래스의 경우 탑승 후 이륙 전에 웰컴 드링크 명목으로 샴페인이나 구아바 주스 등의 고급 음료를 별도로 제공

**맥주**

유럽 항공사들은 다양한 종류의 맥주를 서비스하고 있어 맛보기 좋고 한국 항공사들은 기본으로 국내 브랜드 맥주와 함께 하이네켄 등의 외국 맥주도 몇 종류 서비스한다.

**칵테일**

미국과 유럽 항공사는 블러디 메리와 같은 간단한 칵테일을 이코노미 클래스에서 제공하고 대한항공은 A380의 경우에 비즈니스/퍼스트 클래스용 칵테일 바와 전담 승무원이 승객들에게 칵테일을 서비스한다.

* **블러디 메리** : 보드카를 베이스로 레몬 주스와 토마토 주스를 넣은 후 우스터 소스, 타바스코 소스, 소금과 후추 등을 적당량 첨가하고 셀러리를 꽂는다. 레시피상으로는 술보다는 술이 들어가는 수프에 가깝다. 블러디 메리는 레드 아이즈(맥주와 토마토 주스를 이용한 칵테일. 토마토 주스 맛이 나지만 맥주를 베이스로 함)와 함께 해장술로 시작했다.

**위스키, 브랜드, 보드카**

주로 상위 클래스만 제공. 일반석은 대부분 제공되지 않으나 항공사나 노선에 따라서 유료, 또는 제한적으로 제공. 항공사나 노선에 따라 운영정책이 상이하다.

## 취항지의 특별한 음료

싱가포르 항공의 싱가포르 슬링은 진 베이스의 칵테일로 이름과 같이 싱가포르에서 만들어진 칵테일이다. 서머싯 몸Somerset Maugham이란 영국 작가가 '동양의 신비'라고 극찬한 칵테일인 싱가포르 슬링은 1915년 래플스Raffles 호텔에서 바텐더였던 니암 통 분Ngiam Tong Boon에 의해 만들어졌는데, 세계에서 가장 아름답다는 싱가포르의 석양을 표현하여 만든 칵테일이다.

### 항공사별 무료 제공 음료

- 에어프랑스, 에띠하드, 콴타스, 사우스웨스트–핫초코를 제공하는 항공사
- 대한항공–커피, 주스, 와인, 콜라, 사이다, 맥주 등
- 아시아나–주스, 콜라, 사이다, 와인, 맥주 등
- 베트남항공–콜라, 사이다, 주스, 맥주, 와인, 스파클링와인, 칵테일 등
- 델타항공–주스, 콜라, 사이다, 홍차, 커피, 맥주, 와인, 위스키 등
- 에어프랑스–주스, 콜라, 맥주, 와인, 샴페인(식전주), 핫초코(식후) 등

항공사와 노선에 따라 음료서비스를 차별화하여 제공하는 경우가 있다. 루프트한자에서는 맥주의 여왕이라 불리는 바슈타이너, 제주행 노선에서는 감귤 주스, 싱가포르항공에서는 싱가포르 슬링 칵테일 등의 서비스 제공을 예로 들 수 있다.

# 팀별 과제

## 1. 기내식 캡스톤 디자인

## 2. 기내식 메뉴 개발

## 3. 기내식 메뉴명 제작(특별 음식명칭 디자인)

1. 팀 구성

2. 기내식 아이디어 회의(메뉴, 명칭 등)

3. 아이디어 도출

4. 역할분담

5. 작품 제작

6. 결과물 제작과정 동영상 촬영 및 편집

7. 결과물 발표

# Chapter 15

# 테마가 있는 캡스톤 디자인

1. 호텔의 테마룸
2. 포토존 캡스톤 디자인

Chapter 15

# 테마가 있는 캡스톤 디자인

가족 중심 여행의 수요가 늘고 있는 추세에서 가족단위의 고객들을 위한 특별한 서비스가 등장하기도 하고, 짧은 여행을 선호하는 고객들에게는 호텔에서의 휴식으로 놀거리, 쉴거리, 먹거리, 볼거리 등의 다양한 취향을 만족시킬 수 있는 서비스를 위해 다양한 노력을 하고 있다. 또한 기대 이상의 서비스를 선물하는 호텔업계는 단순히 휴식 이상의 편안함을 넘어 만족감을 선사함으로써 고객의 재방문과 구전 마케팅 효과까지 더할 수 있다. 따라서 호텔은 다양한 테마를 주제로 룸을 구성하기도 한다.

독일의 호텔인 '프로펠러 아일랜드 시티 로지propeller island city lodge'는 공중에 침대가 떠 있는 방, 네 벽면이 거울로 이루어진 방, 파랑이나 녹색 등 색깔을 테마로 꾸민 방, 천장과 바닥이 뒤바뀐 거꾸로방 등의 30여 개 테마로 꾸며진 방들이 있다. 방의 이름을 '자유'라고 지은 이 방은 감옥의 모습을 그대로 옮겨놓았고 방 안에 변기를 설치하기도 했다. '할머니'라는 테마로 꾸민 방은 가구와 낡은 침대 등 방에 설치한 장식들이 낡고 오래된 것들로 꾸며져 이 테마방에서는 할머니의 향수와 정감을 느낄 수 있도록 했다. 만약 공포 체험이나 흡혈귀 공포영화를 좋아한다면 2개의 관으로 꾸며놓은 방에서 지내는 것도 좋은 경험이 될 것이다. '사자 2마리'라는 테마가 있는 방은 이 호텔에서 가장 크고 비싼 방으로 두 개의 쇠철창 우리가 방 가운데 설치되어 있어 철창 안에서 잠을 잘 수 있다. 또한 가족단위의 고객을 겨냥해 아이들과 함께 방문하는 고객을 위한 키즈 테마방은 아이들에게 인기 있는 캐릭터를 이용하거나, 놀거리나 선물들을 제공함은 물론 할인혜택까지 구성한 상품을 개발하여 판매한다.

## 1. 호텔의 테마룸

벽에 구멍이 있는 친절한 감옥이라는 이 방은 '자유'라는 테마로 방에 감옥을 그대로 옮겨 놓았다. 변기가 방 안에 있고 영화에서 보았던 감옥에서의 침대가 놓여 있다. 파라솔이 있는 발코니에서 자유가 기다리고 있다고 안내하고 있다.

이 방의 테마는 '할머니' 방이다.
오래되고 낡은 가구와 침대 등으로 방을 장식하고 꾸며 할머니의 향수와 정감을 느낄 수 있도록 했다. 특이한 점은 할머니의 옷장 안에 화장실이 숨겨져 있다는 것이다.

이 방은 바닥부터 모든 벽이 녹색으로 꾸며져 있다.

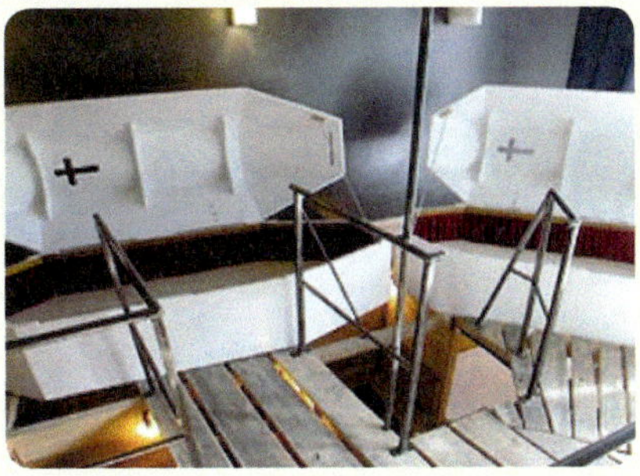

두 개의 관이 놓여 있는 이 방은 뚜껑을 닫고 잠을 잘 수도 있다. 공포를 즐기는 고객은 특별한 경험을 즐길 수 있는 공포 테마방이다.

아름다운 자연을 담은 사진들로 벽을 장식하고 지중해의 파란 바다의 빛을 연상케 하는 테마로 꾸민 방이다. 침대는 나무로 꾸몄고 소박함과 아늑함을 위한 방으로 안내되고 있다.

페달드라이브가 장착되어 있는 둥근 침대로 움직일 때마다 새로운 전망을 제공한다. 욕실은 파란색 아크릴 유리로 만들어졌다. 키가 큰 사람들에게는 권하지 않는다라고 안내되어 있다.

이 방의 테마는 거꾸로이다. 가구는 천장에 매달려 있고 창문 모양의 배경도 거꾸로 되어 있는 독특한 방 중의 하나이다.

흰색으로 구성된 방에 조명을 어둡게 하여 다양한 색깔의 램프로 조명장치를 하여 화려한 조명을 느낄 수 있게 하였다. 침대 위에 위치한 거울은 다른 빛의 각도에서 자신을 볼 수 있다고 한다.

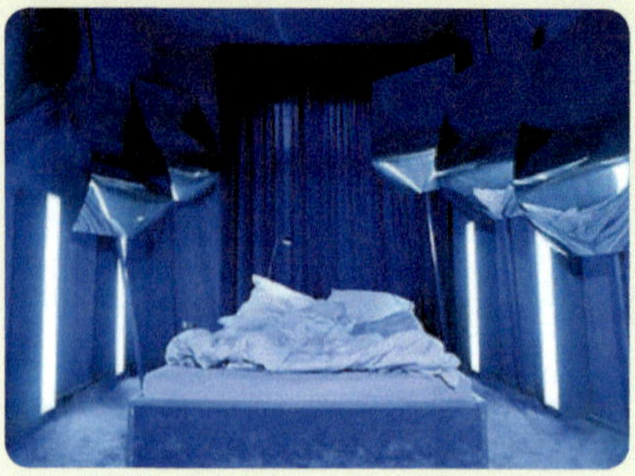

침대 주변을 스테인리스 스틸로 만든 돛모양으로 장식하였고 거울과 파란색을 테마로 만들어진 방이다.

출처 : http://www.propeller-island.de

## 어린이 고객층을 위한 호텔의 테마룸

바닥은 경사져 있으며 벽 또한 기울어져 있다. 광산에 있는 듯한 느낌을 준다고 한다.

하이라이트 방 중의 하나로 거울로 장식된 다각형의 방이다.

출처 : www.propeller-island.de

## '미니언즈 캐릭터'를 활용한 호텔의 테마룸

2017년 노보텔 앰배서더 서울 강남 미니언즈 룸

유니버셜 올랜도 리조트

프리미엄 키즈 자동차침대 브랜드 '띠띠'와 함께하는 스윗라이더 패키지는, LED 라이트와 주행소리, 경적음을 들을 수 있는 자동차 침대는 물론 아이를 위한 자동차 장난감 기프트까지, 아이들의 꿈과 상상력을 키워줄 띠띠카베드 키즈 스위트룸에서 잊지 못할 추억을 선사. 연중 판매(하루 1객실 한정)

* 유선예약만 가능한 상품

출처 : 라한호텔전주

국내 롯데호텔 제주에는 최초로 '헬로키티 캐릭터 룸'을 만들어 낭만과 이국적인 풍경이 있는 테마로 꾸민 객실이 있다. 복도는 물론 모든 객실의 침대와 소파, 욕실까지 헬로키티로 꾸며져 핑크빛 세상에서의 휴식이 순수한 동심의 세계로 안내할 것이라 한다.

출처 : www.lottehotel.com/jeju-hote

## 2. 포토존 캡스톤 디자인

포토존photo zone이란?

어떠한 행사나 기념이 될 만한 장소, 이벤트나 박람회 등 사진을 찍을 수 있도록 만들어놓은 공간이나 조형물을 말한다. 영화제나 연예인들의 시상식, 각종 브랜드의 프로모션 행사, 스폰을 해주는 회사의 로고들을 넣어 벽으로 제작하기도 한다. 포토존은 스토리나 테마를 부여해 감성 마케팅으로 연결할 수 있고 사진을 찍는 사람들에게 추억의 장소로 제공될 수 있다. 주로 행사 때 설치하던 포토존은 공원이나 유명 관광지, 관광명소, 식당, 테마파크, 호텔, 공항, 공연장, 영화관, 심지어 고속도로의 휴게소까지 설치되어 있다. 기업의 브랜드를 알릴 수 있는 홍보 효과가 있는 마케팅 방법 중 하나가 된 포토존으로 인해 기업의 이미지를 전달하고 홍보를 할 수 있다.

랜디스 도넛 포토존

에어아시아 포토존

에버랜드 파리행 비행기 포토존

티웨이 항공 포토존

롯데호텔 제주 포토존

Memo

# Chapter 16

# 포트폴리오 제작

1. 포트폴리오 제작
2. 나만의 포트폴리오 캡스톤 디자인 완성

Chapter 16

# 포트폴리오 제작

## 1. 포트폴리오 제작

### 포트폴리오(portfolio)

'포트폴리오'란 원래 서류가방 또는 서류철, 작품목록집, 자료묶음을 뜻한다.

자신의 능력, 이력 등에 대한 다양한 자료를 수집하여 자신만의 독창성과 능력을 보여주기 위한 포트폴리오portfolio를 제작할 수 있다. 곧 나의 실력을 보여주는 작품 모음집인 '포트폴리오'를 통해 자신의 가능성을 보여주도록 제작한다.

신생 항공사인 에어프레미아HSC : Hybrid Service Carrier는 대형항공사FSC와 저비용항공사LCC의 장점들만으로 만들어진 FSC + LCC = HSC의 새로운 개념이다. 이 항공사는 채용 시 서류 전형에서 수기로 작성한 자기소개서의 스캔파일을 PDF파일 형식으로 하여 지원서와 더불어 동영상을 제출하게 하였다. 제주항공의 제주 캐스팅의 경우 동영상을 제작하여 본인의 재능과 끼를 보여주는 동영상 이력서를 제출해야 한다. 제주 캐스팅의 지난 채용의 경우를 보면 '나만의 여행지, 먹거리 또는 볼거리, 즐

길거리' 등의 추천 영상이나 제주항공의 먹거리(에어카페, 사전 주문 기내식), 제주항공의 즐길거리(JJ라운지, 뉴클래스) 관련 홍보나 마케팅 아이디어 영상을 50~90초 이내의 분량으로 제작해서 제출하는 식의 채용이 이루어졌다.

## 2. 나만의 포트폴리오 캡스톤 디자인 완성

- 나를 표현한 캐릭터
- 여행지 추천
- 여행플랜 제안(가족동반, 솔로, 연인, 친구, 단체 외)
- 독창적인 페이스 페인트 디자인
- 동화구연, 손가락 인형극(팀프로젝트)
- 기내식 아이디어
- 스페셜 드링크 아이디어
- 항공사 amenity kits 구성품 디자인
- 테마가 있는 호텔룸 디자인
- 리조트의 유아, 아동 케어프로그램 개발
- 고객과의 게임 진행 아이디어
- 기념품 아이디어 캡스톤 디자인
- 환경 보호 서비스 아이디어 캡스톤 디자인
- 굿즈 아이디어
- 그 외 다양한 아이디어 캡스톤 디자인으로 자신만의 포트폴리오 구성

Memo

# Appendix

# 부록

캡스톤 디자인 프로젝트 사례
캡스톤 디자인 관련 면접 기출문제

Appendix

# 캡스톤 디자인 프로젝트 사례

## 사례 1. Jeju Entertainment Map & Guest House Map 손수건

단순히 관광지만 표시되었던 기존 손수건의 디자인에서 벗어나 인터넷에서도 찾지 못하는 정보를 제공하면서 관광객의 궁금증을 해소하고 한번쯤 구매할 수 있는 다양한 손수건 디자인을 제안하였다. 이 작품은 단순한 관광지 및 도로만 표현한 것에서 벗어나 예능프로그램 1박2일, 아빠 어디가, 런닝맨을 소재로 이들이 다녀간 숙박, 관광지, 식당 등을 표시하였다. 또한 게스트하우스를 각 유형별로 분석한 자료를 바탕으로 일러스트레이터로 작업하였다. 게스트하우스의 경우 테마별(가장 저렴한 곳, 커플이 묵기 좋은 곳, 가족이 묵기 좋은 곳, 혼자 가면 더 좋은 곳, 시설이 좋은 곳, 조식이 맛있는 곳, 올레 픽업 서비스, 한라산 픽업 서비스, 오름투어 프로그램, 사람과 어울리기 좋은 곳, 바비큐가 유명한 곳, 이색적인 게스트하우스)로 나누어 컬러별로 구분하였다.

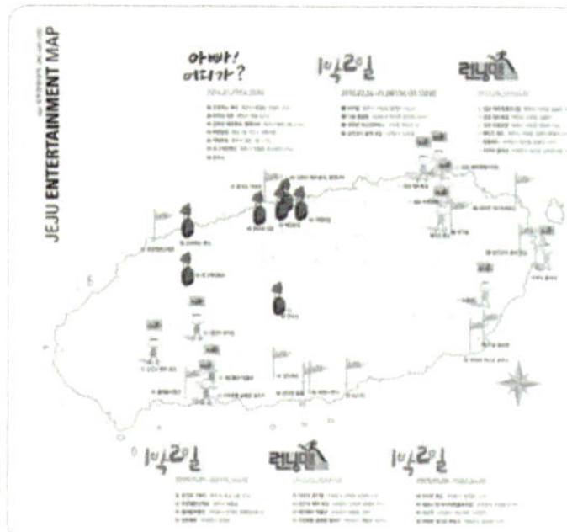


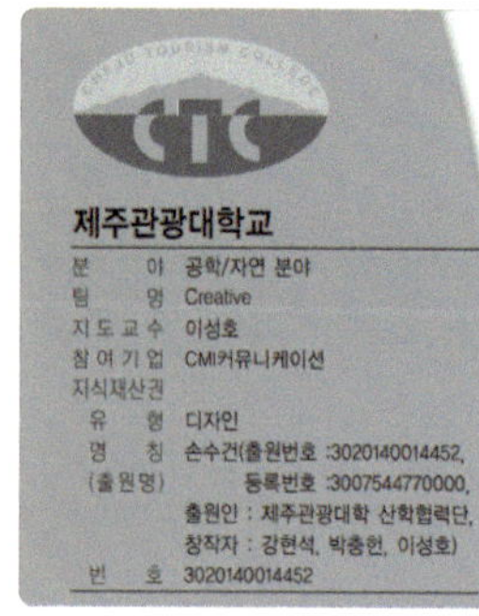


출처 : 2014 LINC 캡스톤 디자인 옥션마켓

## 사례 2. 지역 상권(전통시장) 활성화 프로젝트 대학생 참여 융합콘텐츠 공공마케팅

지역사회 연계형으로 지역상권과 전통시장에 대한 공공마케팅 전략을 진행하였다. 청년(학생)들의 전공지식을 활용 상인들과의 프로젝트팀을 구성하여 지역사회의 문제를 함께 고민하고 해결방안을 제시하고자 했다. 전통시장만의 이벤트데이, 로고송, 홍보영상을 제작하여 융합콘텐츠를 이용한 공공마케팅을 목표로 진행하였다.

상인/고객 투표 진행

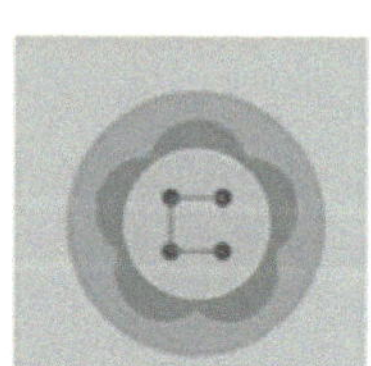
단추데이 로고

로고송 제작

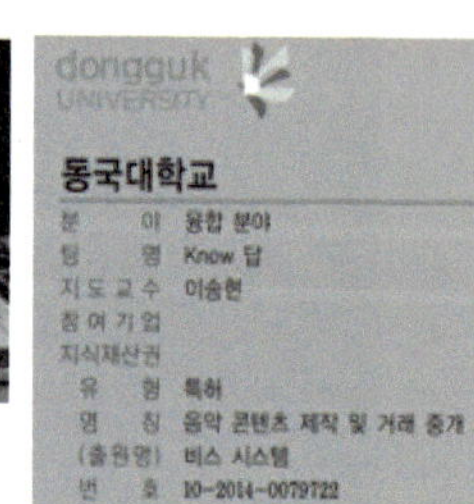

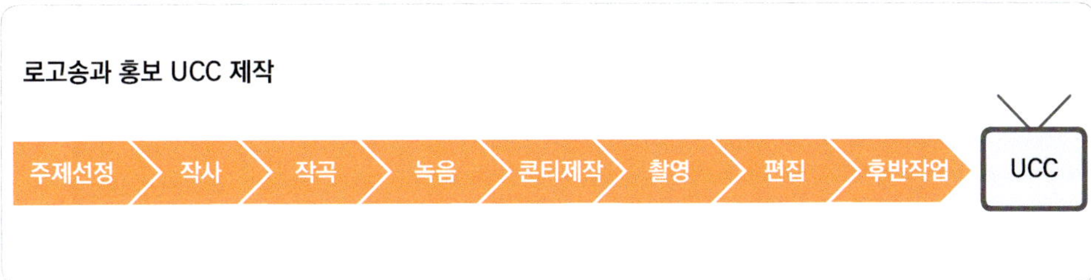


로고송 홍보 제작과정

전통시장만의 특별한 정체성을 위해 전통시장의 생일(이벤트데이)을 만들어주기로 하였고 해외 전통시장 활성화 마케팅을 선진사례로 하여 스페인 바르셀로나의 보케리아 시장을 벤치마킹하여 '단추데이'를 기획하였다. 즉 단순판매가 아닌 고객들과 상인들이 모두 행복해질 수 있는 행사를 기획하여 시장의 매출증대로까지 이어질 수 있게 하는 것이다. 단추데이는 시장의 기념일로 다양한 행사 프로그램을 진행하는 것이다. 또한 로고송과 홍보 UCC를 제작하여 상인들에게 자부심을 심어주었다. 팀의 특기를 살려 직접 기획, 촬영, 편집 등의 재능기부 형식으로 제작되었다.

출처 : 2014 LINC 캡스톤 디자인 옥션마켓

## 사례 3. 어린이 체험형 세금교육 프로그램

'잘 키운 어린이 납세자, 열 어른 안 부럽다.'

'될성부른 모범 납세자, 떡잎부터 알아본다.'

납세자들의 인식 개선과 더 이상의 예산 낭비를 막기 위해 미래의 납세자인 어린이들에게 세금에 대한 올바른 인식을 심어줌과 더불어 경제관념을 가지고 성실 납세자로의 성장을 위한 교육프로그램을 기획하였다. 우리나라 조세의 종류에는 과세권자에 따라 국세와 지방세로 나뉘며, 과세방법에 따라 직접세와 간접세로 나뉘는데 항목도 복잡하고 어른들도 어려워하는 세금을 어린이들이 놀이처럼 쉽게 접근할 수 있는 프로그램이다. '세금왕국'이라는 놀이를 통해 흥미를 유발하고 어린이 수준에서 알 수 있는 세금의 명칭이나 개념을 익힐 수 있다. 이를 통해 장기적인 관점에서 세금에 대한 인식 개선, 올바른 경제관념을 확립하게 된다.

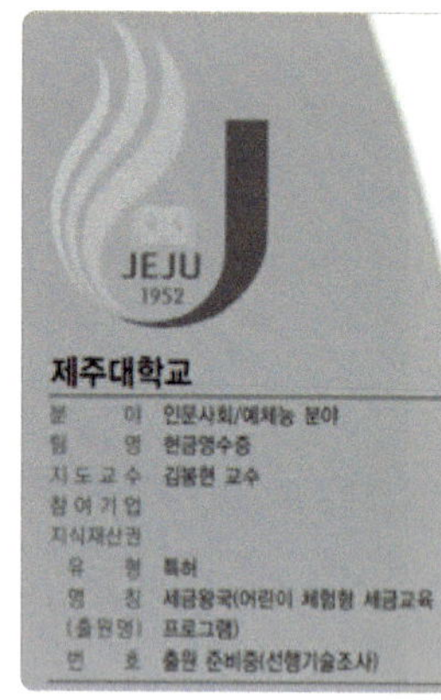


출처 : 2014 LINC 캡스톤 디자인 옥션마켓

## 사례 4. 룩 옵티컬(Look Optical)

룩 옵티컬Look Optical 광고 영상과제는 작품의 기획부터 제작, 사운드, 최종 편집까지 학생들이 모두 완성하고 지도 교수와의 리뷰, 협의를 통해 수정해 가며 업계에서 필요로 하는 실무적인 부분 외에 문제 해결능력, 팀원 혹은 리더로서의 역할, 협동심을 키우는 데 그 목적이 있다. 애프터 이펙트 프로그램을 사용하여 룩 옵티컬Look Optical이라는 안경브랜드의 디자인과 기능성을 강조하는 광고 영상제작을 목표로 팀원들의 역량 강화를 기대하였다.

1. 수험생의 안경

2. 연구원의 안경

3. 회사원의 안경

4. 바닷가 피서객의 안경

5. 할머니의 안경

6. 5개의 다른 캐릭터와 안경

출처 : 2014 LINC 캡스톤 디자인 옥션마켓

Appendix

# 캡스톤 디자인 관련 면접 기출문제

- 우리 회사에서 기존에 있는 서비스 외에 색다른 서비스를 추천해 보세요.
- 우리 회사를 홍보해 보세요.
- A항공사 – 신규 취항지를 추천해 보세요.
- 우리 회사 홍보대사로 어울리는 인물은?
- A항공사 – 우리 회사의 미취항지 중 가고 싶은 여행지는?
- 정장 유니폼 대신 어떤 복장으로 서비스하면 좋겠는가?
- J항공사 – 우리 회사의 특화서비스에 대해 말해보세요.
- J항공사 – 우리 회사의 특화서비스와 다른 항공사의 특화서비스의 차이점은 무엇인가?
- 우리 항공사에만 있는 특화서비스는 무엇인가?
- P항공사 – 우리 항공사를 외국인들에게 어떻게 홍보하면 좋겠는가?
- 본인의 특기를 살려서 어떠한 특화서비스를 할 수 있는가?
- S항공사 – 우리 항공사의 차별화 전략은 무엇이라고 생각하는가?
- 승객이 항공사를 선택하는 기준은 무엇이라 생각하는가?

- 본인의 특기가 특화팀으로 발전할 수 있겠는가?
- 우리 항공사의 승무원이 된다면 어떠한 인사말이 어울리겠는가?
- 동영상을 만든다면 우리 항공사의 어느 취항지에서 촬영하고 싶은가?
- 국내 관광지를 추천해 보세요.
- 해외 관광지를 추천해 보세요.
- 자기 자신을 캐릭터나 동물에 비유해 보세요.
- 취항하지 않는 도시 중에서 취항했으면 하는 곳은 어디입니까?
- 다른 지원자에 비해 다른 특별한 것이 있습니까?
- 외국인에게 우리나라 여행지를 추천한다면 어느 곳을 추천하고 싶나요?
- 가보고 싶은 나라는 어디입니까?
- 우리 항공사의 홍보 중 기억에 남는 홍보는 무엇입니까?

### 기내식 관련 기출문제

- 우리 항공사 기내식을 먹어본 경험이 있는가?
- 기내식은 어땠는가?
- 우리 항공사의 기내식에 대해 아는 대로 말씀해 주십시오.
- 우리 항공사 한식 기내식 메뉴에 대해 말씀해 주십시오.
- 우리 항공사에 제안하고 싶은 새로운 기내식 아이디어가 있는가?
- 우리 항공사 기내식에 대해 평가한다면?
- 여행 중 기내식 먹어본 후기를 말해보세요.

# PROFILE

## 강선아

현) 씽씽차이나 글로벌 인재양성센터 CS연구 원장
라플라잇 승무원학원 원장
선정국제관광고등학교 항공과 지상직 수업

Voice Therapist
스피치 & 보이스 트레이닝 전문가, CS강사
삼성라이온즈, 한국교통안전공단 외 CS강의
미군부대 캠프캐롤 리더십 외 강의
공항철도(주) 외 감성보이스 강의
수성대학교 호텔항공관광과 외래교수
김포공항 근무
연극배우, 연출가, 연극놀이(교육연극) 강사

〈수상〉
2019 아시아파워 브랜드대상(라플라잇 승무원학원)
2017 아시아파워리더십 대상(서비스교육)
2016 한국문예 지도자상(서비스교육, 인성교육)

## 홍지숙

현) 경일대학교 항공서비스학과 교수
(사)대한관광경영학회 학술이사
한국부패학회 상임이사
IATA Airline Cabin Crew Training 자격

계명대학교 신문방송학 학사
계명대학교 관광경영학 경영학 석사, 박사
대한항공 객실승무원
(주)앤씨인재개발교육원 취업지원팀
더아이엠씨 빅데이터 객원연구원

〈수상〉
2015 한국관광학회 우수논문상

## 김자현

현) 서영대학교 파주캠퍼스 항공서비스과 부교수
NCS(국가직무능력표준)학습모듈 검토진

세종대학교 대학원 관광경영학 석사
세종대학교 대학원 호텔관광경영학과 박사수료
스피치지도사 1급
프레젠테이션 전문가
이미지메이킹지도사
국외여행인솔자(Tour Conductor) 자격증 취득
아시아나항공 국제선 객실승무원
세종대학교 호텔관광경영학과 Research Assistant

〈수상〉
아시아나항공 최우수승무원

## 한지수

현) 혜전대학교 호텔조리외식계열 겸임교수
(사)한국조리학회 학술부회장 및 부편집위원장

경기대학교 일반대학원 외식조리관리학과 관광학 박사
대한민국 조리기능장

〈수상〉
2021 (사)한국조리학회 우수논문상
2019 논문구두발표 농림축산식품부장관상

저자와의
협의하에
인지첩부
생략

# Hospitality 캡스톤 디자인

2021년 8월 15일 초판 1쇄 인쇄
2021년 8월 20일 초판 1쇄 발행

**지은이** 강선아·김자현·홍지숙·한지수
**펴낸이** 진욱상
**펴낸곳** (주)백산출판사
**교　정** 성인숙
**본문디자인** 신화정
**표지디자인** 오정은

**등　록** 2017년 5월 29일 제406-2017-000058호
**주　소** 경기도 파주시 회동길 370(백산빌딩 3층)
**전　화** 02-914-1621(代)
**팩　스** 031-955-9911
**이메일** edit@ibaeksan.kr
**홈페이지** www.ibaeksan.kr

ISBN 979-11-6567-356-7　93980
**값 24,000원**